田雲嫻语录

田雲娴 ◎ 著

学识的渊博不是为了征服别人，而是为了看清自己的渺小；
财富的丰厚不是为了炫耀奢华，而是为了增加扬善的担当；
地位的显赫不是为了孤芳自赏，而是为了率众前行；
力量的强悍不是为了欺压弱小，而是为了自由的呼吸；
一个人有了能量，不是为了满足私欲，而是为了承担更多的使命；
持续的训练不是为了云度时光，而是为了让生命绽放光彩；
这些才是你追求成功的真正意义所在，
不忘初心，方得始终！

中国商业出版社

图书在版编目(CIP)数据

田雲娴语录:商战训练语言合集 / 田雲娴著 .-- 北京：中国商业出版社，2017.10

ISBN 978-7-5044-9976-9

Ⅰ.①田… Ⅱ.①田… Ⅲ.①创业—经验 Ⅵ.①F241.4

中国版本图书馆CIP数据核字（2017）第176730号

责任编辑：王彦

中国商业出版社出版发行
010-63033100 www.c-cbook.com
（100053 北京广安门内报国寺1号）
新华书店经销
北京市京东印刷厂印刷
* * * * *
787毫米×1092毫米 1/32开 7.5印张 139千字
2019年1月第1版 2019年1月第1次印刷

定价：59.80元
* * * * *
（如有印装质量问题可更换）

目 录

第一章：教育训练 …………………………………… 1

    1. 教育意义 …………………………………… 1

    2. 学习状态 …………………………………… 3

    3. 训练方法 …………………………………… 5

    4. 思维模式 …………………………………… 7

    5. 目标追求 …………………………………… 11

第二章：特警本色 …………………………………… 15

    1. 坚持不懈 …………………………………… 15

    2. 锲而不舍 …………………………………… 20

    3. 天道酬勤 …………………………………… 24

    4. 行动迅速 …………………………………… 30

  5. 志存高远 ………………………………… 36
  6. 当机立断 ………………………………… 40

第三章：商战风采 ……………………… 43

  1. 艰苦创业 ………………………………… 43
  2. 积累资本 ………………………………… 45
  3. 抓住商机 ………………………………… 46

第四章：行销策略 ……………………… 47

  1. 财富观念 ………………………………… 47
  2. 行销策略 ………………………………… 49
  3. 品牌打造 ………………………………… 55

第五章：精锐训练 ……………………… 57

  1. 乐观向上 ………………………………… 57
  2. 正确抉择 ………………………………… 61

3. 锐不可挡 …………………………… 66
4. 坚韧不拔 …………………………… 68
5. 自信满满 …………………………… 71
6. 设立格局 …………………………… 81

第六章：为人处世 …………………… 83

1. 精准定位 …………………………… 83
2. 善于交流 …………………………… 88
3. 功成名就 …………………………… 89
4. 修身慎行 …………………………… 101
5. 穷理尽性 …………………………… 111
6. 满怀愿景 …………………………… 115
7. 与人相处 …………………………… 118

第七章：团队建设 …………………… 125

1. 团队塑造 …………………………… 125
2. 人才选用 …………………………… 129

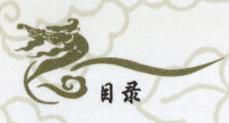

3. 企业管理	131

第八章：个人品性 …………… **133**

1. 心胸宽广	133
2. 胸怀壮志	142
3. 人生哲学	154
4. 奋斗不息	164
5. 淡泊名利	167
6. 知恩图报	170
7. 一诺千金	177
8. 助人为乐	177
9. 立场坚定	180
10. 修身养性	185

第九章：企业文化 …………… **189**

1. 经营理念	189
2. 企业文化	190

3. 运筹帷幄 …………………………… 191

4. 博施济众 …………………………… 194

5. 为人师表 …………………………… 196

附录一：田雲娴诗词 …………………………… 198

    我生而为王 …………………………… 198

    致自己 …………………………… 199

    商界领袖 …………………………… 200

    孩子 …………………………… 200

    惊蛰 …………………………… 200

    梦想 …………………………… 202

附录二：田老师给年轻人 9 条建议 …………… 203

附录三：雲娴精神 …………………………… 204

附录四：田雲娴歌词 …………………………… 205

    小路 …………………………… 205

    雲娴训练团团歌 …………………… 207

下定决心	208
我们是雲娴精神传承人	209
我就是功夫	211
不是每一个世界级教练都叫田雲娴	213
我非等娴	215
我的人生誓言	218

附录五：弟子的定位 …………………… 220

附录六：总裁的定位 …………………… 221

第一章：教育训练

1. 教育意义

 ⭐ 教练的状态决定了选手的状态！所以作为一名训练专家，只要活着，就要时刻处于巅峰状态！

 ⭐ 世界上最奢侈的事情，莫过于秀自己的学生。

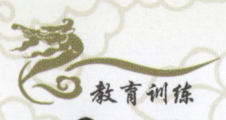

 ❸ 接受教育的意义在于，它能够让人接受现实。今天你在这里吃的苦越多，将来你就越能够接受社会最现实的一面。如果我对你好，对你放松要求，你走向社会之后就越容易迷失和彷徨。

 ❹ 这个世界上赚钱的行业很多，但是没有任何一个行业能够比实现别人的梦想更有意义！

 ❺ 传播负能量就等于谋财害命！

❻ 82岁开启演说家的梦想！这就是教育训练存在的价值和意义！

 21世纪我们不是要征服谁，而是要成就谁。

 教育训练是一场苦恋，费心爱的那一群人总会离你而去；教育训练是一场单恋，学生虐我千百遍，我待学生如初恋；教育训练是一桩群体恋，通过你的牵线搭桥相恋成片，老师却在原地一成不变。亲爱的同学，你若不离不弃，我便点灯相依；你若自我放弃，我也无能为力！致战斗在教育训练战线的老师们！

2. 学习状态

 学历和背景并不代表一切，最重要的是我们不能丢失学习的能力。

 这个世界上有太多的能人，你以为的极限，弄不好只是别人的起点。所以只有不断的进取，才能不丢人。人可以不上学，但一定要学习，真的。

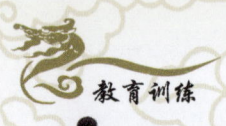

⭐3 我们要学习大海海纳百川,格局够大、智慧够深、态势够低。

第一章

 ⭐4 读书是一种最好的充电方式,因为面对书本时,我们的思维处在主动状态,想读快一点便大致翻两下,想要仔细研读便可以慢一点。可以一边读一边思考,灵感来了,还可以翻回前面的某一页重新读一遍。因为有了思考,读书成了一个既能获取新知、整合旧闻、又能自我反省、自我提升的过程。我们可以在别人的

故事里寻找自己的影子,也可以在别人的成功中总结自己的方法。

3. 训练方法

 在未来,世界上只有两种人:第一种是做教育训练的;第二种是被教育训练的。

 用武术训练的方法,训练商界人士的气场。

 训练是成功之母,总结是成功之父!

 训练无小事,要的就是脱胎换骨。

 学习让人知道,训练让人得到。

 大脑是一个全世界最贵的电脑,只开发一点点,你就会变成一个天才。

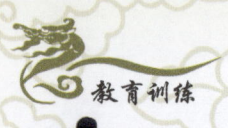

7 一招练到极致就是绝招。

8 夜间训练中，每天争分夺秒与时间赛跑！你可以拒绝成长，却不能阻止别人成长！

9 教育训练，就是要在任何时间，任何地点，把任何人训练出能适应任何时间，任何地点的人。

 ⭐10 因为活动活动，活着就要动，所以你想好好活着就得运动！

 ⭐11 实战就是最好的训练。

 ⭐12 所有的第一名都是被训练出来的。

 ⭐13 毁灭人只需要一句话，训练人则需要千言万语，所以训练是一门艺术。

 ⭐14 好的训练系统一定是植入大脑的系统，一旦一个人养成一种习惯，这种习惯就会伴随他一辈子。

4. 思维模式

 ⭐1 要让自己的思维跟上自己的行为。跟得上，你就是天才；跟不上，你就是疯子。

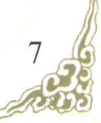

 ★2 教育影响思维，思维影响行为，行为可以改变思维。

第一章

 ★3 所有的问题都是自己的问题。

 ★4 并不是每一个人，你拉他一把就好。有些人，你拉他，他却连手都懒得伸出来！

⭐5 心思意念是你一生成败的关键,因为你心里所思想的,必然反映在你的生活中。所以要保守你的心,不要让这个世界用它的价值观及道德观,来把你塑造成世界的样式;相反,你要让神的话语充满你,塑造你,使你越来越像自己的样式。

⭐6 用逆思维思考的方式,才是正确的思维方式。因为世界级的思维模式都是逆思维。

⭐7 没有梦想和思维的人,就是一条咸鱼,即便翻了身,那也还是条咸鱼。

⭐8 人与人之间的最大差别在于思维模式上的不同。改变思维模式很难,改变行为模式只需要1秒,所以我们要用行为模式去改变一个人的思维模式!

⭐9 普通人的思维是:只有先拥有财富,才有能力去帮助他人,所以世界上90%的人是普通人。

教育训练

⭐⑩ 无形的物质可以决定有形的物质，甚至决定其存在方式。

⭐⑪ 对我们这代人来说，也许周星驰真的是无可取代的。年幼时，我们只把他的电影当成笑话；稍大一些，把他的电影当作励志片，每个电影中的小人物都好像有自己的影子；再大一些，我们把他的电影当作文艺片；等我们老了，他的电影是一部部纪录片。回忆星爷带我们走过的那些青春、成熟和回不去的岁月。

第一章

 12 别那么多怀才不遇的抱怨，那说明你的能力还撑不起你的野心！多少好苗子都败在了眼高手低。别老羡慕人家有我行我素的资格，咱得先像傻子一样苦干，才能像疯子一样任性！

 13 倘若心中愿意，道路千千条；倘若心中不愿意，理由万万个。

 14 别将过去抱的太紧，因为那样你便腾不出手来拥抱现在和未来了。

5. 目标追求

 1 做事情还是需要我们自己坚实的基础，需要我们以志向、目标为指引，以意志与坚持为策力。

 2 首先要知道自己要干什么，其次在夜深人静时问

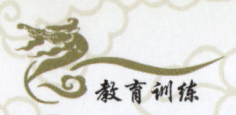

问自己将来的打算，最后朝着那个方向努力去实现，而不是无所事事和做一些无谓的事。困难困难，困在家里就是难；出路出路，走出去就会有路。

★3 有目标的人在奔跑，没目标的人在流浪。

★4 设定好的目标一定要落实到位！

★5 很多人之所以对自己缺乏信心，对生命缺少热爱，无非就是人生没有方向，整日处在一种浑浑噩噩的状态。想要改变自己，首先要送自己一个目标，然后把

所有的负面情绪全部发泄,力使到追求目标上。你会发现,原来自己还有事做,自己还是有价值的。

⭐ 6 我们在决定做一件事情之前,就应该给自己定下目标,就要告诫自己做到最好。这样,即便在后来的执行过程中不幸落败,我们也会像获得成功一样的开心。

⭐ 7 有些人总是有各种各样的目标,甚至是宏伟异常的目标,但是还是庸庸碌碌一生。这个首先就是制定目标不合理,还有一个比较关键的就是没有执行自己的志向,实践自己的目标。再宏伟的目标,也是不会实现的。

⭐ 8 如果你不握紧拳头,你就不知道你的力量到底有多大;如果你不咬紧牙关,你就不知道你的坚持到底有多狠;如果你不跺脚而起,你就不知道你的果决到底有多正确;如果你不瞪眼,你就不知道你的内心到底有多强大。最强悍的竞争力只有两个字：行动！

★9 当我骑自行车时，别人说路途太远，根本不可能到达目的地。我没理，半道上，我换成小轿车。当我开小轿车时，别人说，再往前开就是悬崖峭壁，没路了。我没理，继续往前开，开到悬崖峭壁，我换飞机了。结果，我到达了目的地。

第二章：特警本色

1. 坚持不懈

⭐**1** 一个人只要不放弃，就没有谁可以阻碍你进步，阻止你成长。

⭐**2** 有了第一次放弃，你的人生就会习惯于知难而退。可是如果你克服过去，你的人生则会习惯于迎风破浪地前进。看着只是一个简单的选择，其实影响非常大，是一种截然不同的人生。

⭐**3** 当你还未成功的时候，我们称之为"脾气拧"；当你取得一定成果后，我们称之为"执着"。

★ 4 当所有人都以为我过的风生水起的时候,我只是一个人走了一段又一段艰难的路。

★ 5 我能经得住多大诋毁,就能担得起多少赞美。如果忍耐算是坚强,我选择抵抗;如果妥协算是努力,我选择争取;如果未来才会精彩,我也绝不放弃现在。你也许认为我疯狂,就像我认为你太过平常。我的真实,会为我证明自己。

★ 6 永远只做第一名,领跑很轻松,在后面追才是最累的!

★7 365天每一天都不要产生抱怨,每一天都不要产生负能量,永远的去谈论富足、幸福和健康。如果你能够坚持365天的话,我保证你有一个传奇式的人生。

★8 一个人最重要的能力是持续学习,能够坚持不懈的学习,就有了源源不断的创造力。

★9 永远不要只看见前方路途遥远,而忘了自己坚持多久才能走到这里。

★10 真正的幸福,总归是要自己争取的,也只有自己才不会亏待自己。你知道偷懒的下场,明白何时前行与退让,别让明天失望,今天就依赖自己的坚强。

★11 你必须坚强,没有人会懂得你到底有多痛;你必须坚强,没有人会懂你到底要怎么继续生活下去;你必须坚强,没有人知道你经历了怎样的生活。

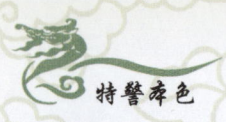

⭐12 每当你想放弃的时候，想一想是什么支撑着你一路坚持。

⭐13 内心的渴望和坚持，才是成功最重要的因素！

⭐14 想做成一件事，不只取决于你有多少热情，而是看你能坚持多久。光有热情不能得偿所愿，唯有坚持到底的热情才可以让你所向披靡，天下无敌！

⭐15 有人讲过一句话，他说，年轻人吃苦不叫吃苦，叫有福气。因为你有选择的机会，有失败的资本。老了以后吃苦才真叫吃苦，比如你到了60岁，贫病交加，这才是真苦。在20多岁这个年龄段，最重要的是不要放弃目标，不要怀疑自己的未来。

⭐16 不管你现在多迷茫，过得多累，走得多艰辛，请相信，生命中总有一段路是要你自己走完的，总有一段时间是"寒冷"的。不要放弃希望，不要放弃自己，

再怎么冰冷也有阳光,再怎么艰辛都得努力。生命中,总得有一段回忆起来足够感动自己的时光。

⭐ 即使最美好的婚姻,一生中也会有 200 次离婚的念头,50 次掐死对方的冲动。即使最幸福的工作,也会有 200 次辞职的想法,50 次撂摊子的纠结。即使最有潜力的田雲娴国际教育训练集团招兵买马,全地球也会有几十亿人无动于衷,只要我们每天呐喊,100000 名战士终究会出现。坚持,是最好的品质。

⭐ 无人理睬时,坚定执着;万人敬仰时,心如止水。

⭐19 人生有太多的不可知，往往一个决定，一个念头，便决定了我们能站得多高，走得多远。所以轻易不要做决定，做了就不要轻易改变。太多频繁的变动，会让我们站得不稳，走得不直，坚持不懈反而会有好处。

⭐20 既然选择了就要坚持到底，否则之前的辛苦就全白费了。

⭐21 人最强大的时候不是坚持的时候，而是放下的时候。当你选择腾空双手，还有谁能从你手中夺走什么？多少人在哀叹命运无可奈何之际，却忘了世上最强悍的三个字是：不在乎。

⭐22 每一分每一秒都要全力以赴。

2. 锲而不舍

⭐1 掉皮掉肉不掉队，流血流汗不流泪。

⭐2 夏天虐我千百遍,我待夏天如初恋!不湿身,无夏天!火力全开,投入运动中!浑身汗水的感觉,超过空调间的千百倍!

⭐3 世界上最大的公平是不公平,最大的不公平也是最大的公平,凡事没有绝对,心里平,世界才会平。

⭐4 要想成功就要像训练特警一样训练自己,只训练出了体能及技巧是远远不够的,思想觉悟及生活习惯方面也要进行严格的训练。

第二章

★5 人生最可悲的一件事就是，当你想要承担责任时却没有能力。

★6 不到长城非好汉，笑看英雄不等闲（娴）。

★7 今天尽力做的虽然辛苦，但未来发生的都是礼物。

★8 这个世界至少有两个东西你不能嘲笑，一个是出身，一个是梦想。什么样的出身不重要，重要的是将来成为什么样的人；出生在哪里不重要，未来在哪里才重要；生来贫穷不可怕，将来贫穷才可怕。只要我们有梦想就会了不起，因为，你的人生不设限。成大业的人具备三个条件：一腔热血（激情高涨）；一身正气（品德优秀）；一往无前（勤奋努力）致所有奋斗不息的人！

★9 想成为更好的自己，就去见识更大的世界，认识更多奇妙的人，汲取更广泛的知识。你不需要别人过

多的称赞，因为你自己知道自己有多好。内心的强大，永远胜过外表的浮华。

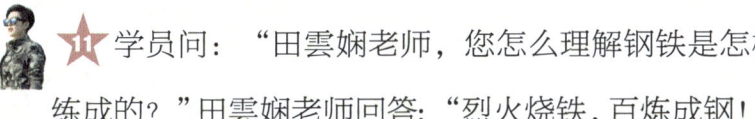

⑩ 实在难忍就努力提升自己，之后跳出那个圈子，让他们来仰望你。

⑪ 学员问："田雲娴老师，您怎么理解钢铁是怎样练成的？"田雲娴老师回答："烈火烧铁，百炼成钢！"

第二章

23

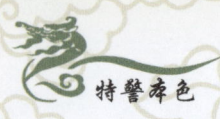

3. 天道酬勤

★1 人们只看到我的光辉,却没有看到我为此而付出的努力。

★2 贫穷有贫穷的原因,富饶有富饶的理由,国如此,家亦如此。

★3 付出不一定有结果,有结果一定付出无数倍的努力。

★4 人是不能闲的,一闲就会想得太多,一闲就会感

情泛滥。所谓矫情屁事多，空虚寂寞冷，都是因为懒散堕落闲。

★5 只有今天埋头，才有明天出头，从现在开始百分之百聚焦！

★6 一件事无论你当初是怎么下定决心，不到结果出来那天谁也不知道会发生什么。所以与其担心，不如好好努力。扔掉你的犹豫，那只会浪费时间；扔掉你的担心，那只会让你分心。你能做的只有相信自己，并且尽力去做。记住你当时所下的决心，只要路是自己选的，就要勇敢向前。

★7 我可以花1分钟去解决问题，剩余9分钟去喝茶。要处理一些事情，3分钟就够了，其中2分59秒去喝茶，剩下1秒钟去处理事情。

⭐ 8 与能力相比，热情比思维方式要重要得多。即使能力不强，但拼命努力、又具备为他人尽力的思想境界的人，比那些能力优秀，但不肯努力、持负面人生观的人会好很多。

⭐ 9 "不是看到希望才努力是努力才会看到希望。"献给正在迷茫努力工作的人！

⭐ 10 活泼可爱，忠诚可靠，勤劳上进，人生无碍！

⭐ 11 这个世界上没有什么救世主，全靠劳动人民的一双手。

⭐ 12 努力和上进，不是为了做给别人看，是为了不辜负自己，不辜负此生。

⭐ 13 不要因为一时的领先而放松警惕，因为赶超一个人需要付出比他多两到四倍的努力。因此一旦被反超，那么你就需要付出比从前努力十六倍的辛苦才能回到从前。

 ⭐14 全身心地投入,全身心地付出,换来的必然是丰厚的回报。对曾经走过的任何一段路,都无需后悔。对也好,错也罢,所有见过的美景都可能给我们未来以启迪。王者归来,是一种至上的荣耀与光辉,成就这荣耀与光辉的正是全身心地投入与付出。这是从走过的路中总结出的最佳结果。

 ⭐15 每一份私下的努力,都会被公众的表扬出来!

第二章

27

16 一个人的人生，三分天注定，七分靠打拼，所以整天蹲在房间里说老天不公的，都是臭不要脸的人。

17 你必须足够拼命，才能让命运对你网开一面。

18 如果现在不努力，老了拿什么说想当年。

19 我之所以这么努力，是不想在年华老去之后鄙视我自己。

20 活得充实比活得成功更重要，而这正是努力的意义。

21 落地、实战、有结果。

22 我要做的就是化腐朽为神奇，所以我才能成为传奇。

23 从今天开始我不再聆听任何人的传说，我要创造

属于自己的传奇。

 要相信奇迹,只要你愿意用汗水去铸就它。

 如果这个世界上真有奇迹,那只是努力的另一个名字。你的人生不是没有谁不懂你,而是你不懂自己!

4. 行动迅速

 世间所有的一切，不是有了才做，而是做了才有。

 简单就是核心竞争力，越高端越简单。

 斩断自己的退路，才能更好地赢得出路。

★4 如果你想快点长智，那么就得慢点骄傲；如果你想慢点老化，那么你就得快点学习；如果你想慢点淘汰，那么就得快点迈步。

★5 人多做加分的事，少做减分的事，你终将会成就自己的人生。

★6 做过，尝试过，经历过，全力以赴过，就是你对人生最好的总结。

★7 有人觉得年还没过完，可是翻开日历看看，距离今年结束只剩下9个多月了！时间总是过得太快，生命不经意间溜走，多做一些有意义的事吧！这样到老的时候，你才不会后悔！

★8 当你收获很少的时候，多数情况下，恰恰是收获最多的时候。因为你所有的得到，都是来自你前期的铺垫。

★9 不要去听那些声音,你唯一需要关心的就是让自己强大起来。把希望放在别人身上是虚荣的,所以无用。如果自己不去做,那就不会有希望。

★10 人因梦想而伟大,因学习而改变,更因行动而成功!

★11 借力使力不费力,并且强调要匹配。

★12 每个人都是自己的导演,想要在这场旅程中创造出更多的价值,想要在自己的剧本里写出更多的辉煌,我们要做的还有很多。

★13 忙是治疗一切神经病的良药,一忙,也不伤感了,也不八卦了,也不花痴了。

★14 我不听你说了什么,我只看你做了什么。

 ⭐15 仰望星空,脚踏实地。

 ⭐16 高端大气上档次的行为模式,会成就高端大气上档次的思维模式。而高端大气上档次的思维模式,也会加固高端大气上档次的行为模式。

 ⭐17 行为模式决定思维模式,思维模式影响行为模式,行为模式又改变思维模式。

第二章

 ⭐18 聪明源于勤奋,世上没有笨人,只有懒人。

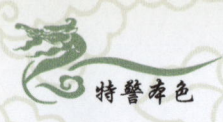

 ⭐19 简单、相信、听话、照做。

 ⭐20 你是精锐，要站如松！你是精锐，要坐如钟！你是精锐，要行如风！你是精锐，要精神焕发！你是精锐，要礼貌，要随和！

⭐21 很多人都明白，凡事不要等到来世再做。却意识不到，凡事也不要等到明天再做。

⭐22 速度要快，姿势要帅，语言要美。

⭐23 千里之行始于足下，不管你有多大的梦想，如果不付出行动，终究是纸上谈兵。有梦就要追，莫虚度，精彩由你创造。

⭐24 昂起你的头，迈开你的腿！

⭐25 这个世界没有什么救世主，即便有，但是你不愿意主动去寻找，那么还有谁能够帮助你成功！努力把白日梦做成现实，才是你人生最正确的投资！

⭐26 生命只有走出来的精彩，没有等出来的辉煌！

⭐27 在即将被淘汰的边沿，快点叫醒你的人生是首要任务！

⭐28 不行动，哪怕捧着金饭碗也会要饭！

⭐29 成功不是因为你知道多少道理，而是你付出了多少行动！

 30 行动是治愈恐惧的良药。

31 你一定要认识到自己想往哪个方向发展,然后一定要对准那个方向出发。要马上行动,你再也浪费不起多一秒的时间了。

32 做人只做实力派,做事只做行动派,千言万语不如汇成一句话:"行动吧!小伙伴!"。

33 留心你的思想,思想可以变成言语;留心你的言语,言语可以变成行动;留心你的行动,行动可以变成习惯;留心你的习惯,习惯可以成为性格;留心你的性格,性格可以决定命运。

5. 志存高远

 1 永远只做第一名。

 2 如果你才二十多岁,别忙着过稳定的生活。收入

动荡一点没关系,失恋几次也不怕。能力是一种压力下的应激反应,如果你在二十多岁就习惯了安逸,接下来的一生都很难有大出息。

★别看我黑,满脸放光辉;别看我瘦,浑身是肌肉。

★人之所以会痛苦,是因为自己的能力与野心不匹配。

★撕掉伪装,抽掉懒筋,开始我们不一样的人生。

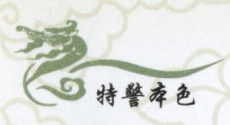

⭐6 我的身体比平常人弱 100 倍,那么我就用比平常人强 1000 倍、10000 倍的努力来弥补这个缺憾。

⭐7 同样的年龄,我在台上,你却是我的观众。

⭐8 如果注定我生来就是温室里的花朵,那么我怎么改变自己呢?只能靠我自己从温室里走出去,去经历风雨,去吸收阳光,才能强健体魄。如果一直呆在温室里,我只能这样柔柔弱弱地活着。

⭐9 蚂蚁地上爬,再小的石头都是天大的障碍;如果是大象,石头太渺小,只有大山才是障碍;如果是老鹰,再高的山也能轻易飞过。有高度的人是没有困难的,因为行走的高度不一样。

⭐10 人生存在多个阶段,每个阶段需要补充相应的内容。

⭐11 你要做先驱,永远不要做先烈。

 ⭐12 要做就做王者，精英中的精英是精锐，精锐中的精锐就是王者。

⭐13 你想过普通的生活，就会遇到普通的挫折；你想过最好的生活，就一定会遇上最强的伤害。

⭐14 这世界很公平，你想要最好，就一定会给你最痛。能闯过去，你就是赢家；闯不过去，那就乖乖做普通人。

 ⭐15 如果你强大到足够对自己下命令，那么任何困难

都无法阻碍你。

⭐16 我们要修炼的是如何提升自己的高度,心大了,事就小了!生命是一场自我修行,只有起点,没有终点,一直在路上。

6. 当机立断

⭐1 世间最远的距离是说到和做到之间的距离!

⭐2 做事情的意志,也就是执行力。坚持自己的志向,执行自己目标的能力。

⭐3 有的同学总是在说自己没时间学习,没时间成长,没时间参加训练,没时间做教育训练,没时间建团队,没时间赚钱,更没有时间帮助别人!其实我想告诉各位,我建个百人团队花个几分钟就可以搞定!帮助别人,我在家坐着开个直播,就能辅导158万人!至于

赚钱，那就更简单了，躺在沙发上发个微信，也能收入个几万元人民币！所以做这些和你有没有时间，真的是没什么关系，有可能和你有没有能力有关系！如果你具备了所有的能力，你还会没时间吗？

④ 穿上绿迷彩，戴上红贝雷的那一刻，我们觉得自己是世界上最美的女孩。

第二章

女子特警队中的"霸王花"
——"小山东"田雲娴

 ⑤ 不要瞧不起你手头上所做的每一件琐碎小事，把它们干漂亮了，才能成就将来的大事。不要去焦虑太远的明天，因为焦虑并不能解决任何问题，只会令现状变得更糟糕。虽说是谁的青春不迷茫，但你迷茫的原因往往只有一个：那就是在本该拼命去努力的年纪，想得太多，做得太少。

⑥ 不当教官你永远不知道怎么去训练。

第三章：商战风采

1. 艰苦创业

⭐1 创业者在前期总会遇到一些窘境，但是别低头，王冠会掉；别流泪，坏人会笑。挺过去就是成功。

⭐2 创业者一切都要靠自己，别人紧握你的手可能会松开，答应你的承诺也有办不到的时候，给你的蜜语甜言也终有融化的那天，结局的遗憾都是因为寄托了太多希望在别人身上。

⭐3 创业者要学会自我激励，你无法决定明天是晴是雨，爱你的人是否还能留在你身边，你此刻的坚持能换来什么。但你能决定今天有没有准备好雨伞，有没有好好珍爱爱你的人以及是否足够努力。

 ★4 钱不在口袋里，而在脑袋里。创业者要不断地学习，让自己变得值钱。

 ★5 创业者要经得起冷嘲，受得起热讽。孔子曰："人不知而不愠，不亦君子乎？"

 ★6 创业者要永远保持向上的激情和前进的勇气。

★7 创业是一条荆棘密布的路，无论谁去走，都要历经磨难。成功与失败之间的差距，有时候只是最艰难时刻的那一个选择。

⭐创业其实没想象的那么难,遍地都是商机,只要你有一双善于发现的眼睛和一颗立即行动的心。

2. 积累资本

⭐钱很重要,但赚钱的能力更重要,这就是鱼和渔的关系。有了渔,我们才可能有吃不完的鱼。

⭐只是为了赚钱而努力的商人,一定成不了大商人!

⭐入一行,先别惦记着能赚钱,先学着让自己值钱。

⭐没有哪个行业的钱是好赚的。赚不到钱,赚知识;赚不到知识,赚经历;赚不到经历,赚阅历。以上都赚到了,就不可能赚不到钱。

⭐我从来不借钱,因为我觉得赚钱比借钱简单多了。借钱真的很麻烦,赚钱多省事。

⭐6 处理商业上的事情,能用钱解决的事情,不要花时间。

⭐7 要舍得花钱投资在对的地方,要先学会努力赚钱,也要努力学会花钱,正确的花钱。

⭐8 很多人有个不好的习惯,当口袋穷的时候,老喜欢往穷人堆里扎,这样你就在不断的降低你的品质!

3. 抓住商机

⭐1 面对稍纵即逝的商机,要果断采取措施,如果不及时处理消除隐患,就有可能酿成企业灾难。

⭐2 作为一个商人来说,没到最后一刻决不放弃。

第四章：行销策略

1. 财富观念

光靠省钱和把钱存在银行是成不了世界首富的。要靠什么？靠行销！你要聚焦行销的能力研究怎样赚钱？而不是去研究如何省钱？你每天24小时只琢磨着怎么省钱你会越来越穷。老师再怎么教你，全世界最高端的行销理论与行销智慧也进不了你的大脑，因为你的时间和精力全部都在怎么省钱上。

❷ 免费的才是最昂贵的，你不花钱没人愿意帮你。没人帮你，你就是一辆没人照顾的车，那就可能会被人随便刮、随便划。

❸ 大部分人都在思考自己省了多少，很少有人思考自己错过了多少，这就是你离财富的距离！

❹ 富人只会研究怎么赚钱，穷人才会研究怎么省钱，而且越省越穷，因为把钱花错了地方，又省错了地方！

★ 投资成长的钱永远不能省,因为越省越穷!慈不带兵,善不理财。

2. 行销策略

★ 行销要做的第一件事就是要对自己做的事情负责任。

★ 产品行销的关键是核心竞争力。要么你是世界第一,要么你是世界唯一。

★ 永远不要给顾客承诺你的产品可以治愈所有的问题。

★ 行销是创造财富唯一最快最直接的途径,行销的核心永远只把有帮助的产品行销给有需要的人。

★ 个人行销决定了他人对自己的认可度,进而影响了自己的自信心,甚至会上升到对生命存在意义的思考。

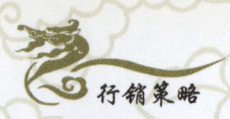

⭐6 之所以出现行销问题，不是消费者不知道产品的价格，而是不知道其价值。因此要先定价值，才能定价格。

⭐7 一个老板或者一个企业一定要把行销做好，而好的行销一定是快乐的。

⭐8 个人行销决定了你将研发或销售怎样的品牌产品，高端的个人定位，证明你做的是高端品牌，销售的是高端产品；中端的个人定位，证明你做的是中端品牌，销售的是中端产品；低端的个人定位，证明你做的是低端品牌，销售的是低端产品。

⭐9 倘若自己的产品自己都不用，那就无法说服消费者去购买。

⭐10 所谓行销策略，就是让你瞬间到达罗马的途径。

⭐11 给自己一个世界级的理由，把自己行销出去。

 行销三步骤：个人行销、品牌行销、产品行销。

 个人行销36计第一计：永远只卖疗效。

14 如果你找不到个人定位，那你一辈子就只会做一件事，即：帮助他人做个人行销。

 个人行销最核心的就是，你要成为这个行业、这

个领域的专家，就要找到个人的核心卖点。成为专家才会专业，专业才有发言权。

★16 倘若定位口号与产品实际情况不符，宁愿不要喊出来，行销最忌讳的就是欺骗。

★17 行销不能改变你的生命，但是可以改变你的生活！

★18 行销的过程就像拳击比赛，要么一拳把对手撂倒，要么就在对手撂倒你之后给他鼓掌，这叫风度。因此你要够强，同时也要有为他人鼓掌的胸怀。

★19 闻道有先后，术业有专攻。道是理论，术是方法。站在行销的角度上，行销之道教的是道，研究的是我为什么要行销这个产品。行销之术教的是术，研究的是我要怎样去行销这个产品。行销之所以会遇到瓶颈，无外乎这两个原因，至于是哪一个，做好诊断很重要。"道"和"术"二者含义不同，但又缺一不可。

 要想成为行销专家，就要学会为顾客做选择。

21 行销策略是一个新的标签，是一个新认知，想要学习行销策略，就需要先清空自己之前学习到的销售内容。

22 学习行销，付出10分的努力，可以当100分使用；不学习行销，即便付出100分的努力，也只能当10分使用。

第四章

 ★ 23 卖产品不如卖自己，任何一切都是行销自己。

 ★ 24 如果你的行销被否决了，你就坚持到他接受为止。

★ 25 行销是为了让产品好卖，销售是为了把产品卖好。我们不需要把产品卖好，只需要把产品讲清楚，可以不愁卖。

第四章

 所有的一切都是从自己的嘴巴中行销出来的。

 销售团队考虑的是如何卖产品，营销团队考虑的是如何打造品牌，而行销团队考虑的是如何打造个人。

 所言属实，才能展开有效行销。

3. 品牌打造

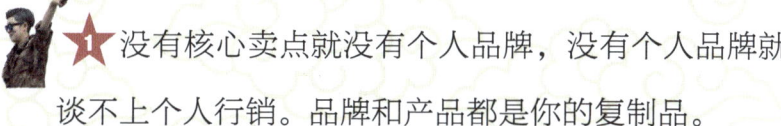 没有核心卖点就没有个人品牌，没有个人品牌就谈不上个人行销。品牌和产品都是你的复制品。

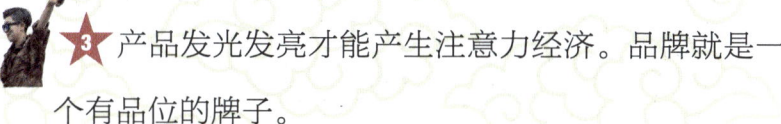 没有产品注意力，标签都是无价值的。

 产品发光发亮才能产生注意力经济。品牌就是一个有品位的牌子。

当你的能力跟不上你的个人标签，请拼尽全力去

提升自己的能力至匹配，由此才能成为个人品牌。

5️⃣ 如果这个世界上有一天有一个教育训练创始人影响了全世界的话，一定有一个行销之神是余绍彩，非他莫属。

第四章

第五章：精锐训练

1. 乐观向上

生活，原本就是完美与缺憾的交响；人生，原本也就是痛苦和快乐的和声。输掉什么，你都不可以输掉微笑。

成功不在于你创造了多少财富，而在于你创造了多少幸福的微笑！

当你陷入困境时，千万不要对着别人哭诉，更不需要解释和倾诉。因为懂你的人在你身边，不懂你的人讲给他们听也没用。

负负并不能得正，一个同样具有负面能量的人会把你的人生拖垮，让具有正能量的人导正你的灵魂和

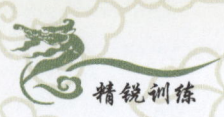

行为吧！潜移默化中，你会变得更加开朗和幸福。这一定比任何财富更能长久的滋养你的心灵！

⭐5 当生活给你一百个理由哭泣时，你就拿出一千个理由笑给它看。

第五章

⭐6 千万记住：一个人，如果连自己的情绪都控制不了，即便给你整个世界，你也早晚毁掉一切！

7 挫败使人痛苦，却很少有人利用挫败的经验修补自己的生命。这份痛苦，就白白的付出了。小聪明的人，往往不能快乐。大智慧的人，经常笑口常开。

8 在你的角落里，做最真实的自己。不用担心会孤寂，随心所欲，忙着你的爱好兴趣，充实自己，这是你最快乐的事情。

9 快乐的方法：第一，每天给自己一个希望，不沉溺于幻想，不庸人自扰，踏实工作，好好生活；第二，试着不为明天烦恼，不为昨天叹息，只为今天更美好；第三，试着做一个全新的温暖的自己，让快乐延续。

10 二十多岁的你最迷茫，看似有很多机会，却又觉得什么都抓不住；二十多岁的你又最焦虑，想要独立，却感觉未来一片模糊。可这好像就是生活吧？没有努力，真的不会有收获；二十岁的你也看不到四十岁的

自己是什么样，因为看不清未来，所以也就有了无限的可能，这样的生活才有乐趣，才值得期待。

⭐11 一个女人可以长得不漂亮，但是一定要活得漂亮，活得精彩。无论什么时候，渊博的知识、良好的修养、优雅的谈吐以及一颗充满爱的心灵，一定可以让一个人活得足够漂亮、足够精彩。活得漂亮，就是活出一种精神、一种品味、一份至真至性的精彩。

第五章

⭐12 用你的笑容去改变这个世界，别让这个世界改变了你的笑容！

⭐13 疲倦的时候能舒心一笑，安然；吃亏的时候能开心一笑，豁达；受委屈的时候能坦然一笑，大度；无奈的时候能达观一笑，境界；被误解的时候能微微一笑，素养；危难的时候能泰然一笑，大气。今天你笑了吗？

 ⑭ 所谓的成熟，就是在无数个想要翻脸走人的瞬间，最后都一笑而过！

2. 正确抉择

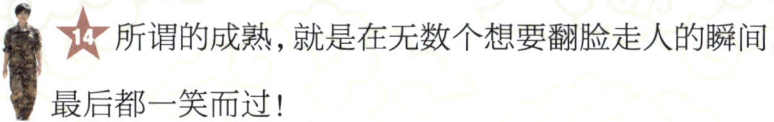

 ★ 人的一生就是不停的选择！当你选择好了，下定决心后，全世界都会帮你！

 ② 有的时候你一定要做选择，因为我要给大家说的是，人生除了能力以外，决定你命运的还有一件最重

要的事情，就是选择。选择大于努力，每分每秒你都在做决定，每分每秒你都在做选择。

3 不是因为你是谁，我才打造你。而是因为我打造你，你才能成为谁。

4 选择比努力重要。跟对人一次就够了，方向不对，努力白费；跟错人一辈子也没有意义，选对行业赚大钱。

5 要记住我的焦点是什么，我要的结果是什么，其它都是浮云！

6 失之毫厘，差之千里，百分之百的聚焦。

7 聚焦等于宇宙能量场！

8 你可以选择永不进步，但你决定不了时代的进度。

 在对的时间,找对的人,做对的事!

 很多时候,当你把自身变得更优秀时,那些困扰你的问题自然而然就解决了,所以不要把情绪集中在那些无用又暂时无法解决的事情上。把焦点集中在如何把自身变得更优秀的事情上,把眼光放长一点,你强大了,一切自然会改变。

第五章

⭐11 告别平庸的方法：1.每天坚持读书1小时；2.坚持提升专业，成为单位专业权威；3.战胜两个坏毛病——拖延与抱怨；4.先从形象上改变，提升你的自信；5.时常反省自己，但不诋毁自己；6.向优秀的人学习；7.坚持早睡早起；8.坚持体育锻炼；9.保持微笑；10.找一个世界级的教练；11.参加田雲娴老师商战课程《精锐训练营》。

⭐12 你是否狠不下心来做事，对自己不够狠，对别人也不够狠。所以你总是黏黏糊糊，总是不忍心去拒绝别人，总是下不了决心让自己过得更好，总是缠绵过往，不能自拔……

⭐13 我不能选择怎么生，怎么死，但我能决定怎么爱这个世界，怎么好好活着。

⭐14 人生最重要的选择，就是选择和谁在一起，选择和谁共事，选择和谁交朋友，选择和谁结婚，选择向谁学习……简单来说，人生就是一个选择的过程。

⭐15 你和谁在一起，决定着你有多大的能力；你和谁在一起，决定你有多美好的未来。擦亮你的眼睛，用心去寻找吧！

⭐16 你选择看的方向，决定了你所看到的事物。而你选择往哪个方向看，决定于你希望看到什么。

⭐17 人生三大遗憾：不会选择、不坚持选择、不断地选择。所以我们所需要做的只有一件事，坚持自己的选择！

⭐18 你的起点决定了你的终点。先走一步，领先一路。

⭐19 选择大于努力，方向不对，努力白费，方法不对，吃苦受累。

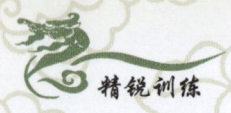

3. 锐不可挡

1 "担当重任"的含义有两个方面：一是你能接受高强度、高任务量等挑战性工作；二是你能勇于承担责任，敢于面对现实。

2 生活总要向前，明天要比今天更精彩。成功没有顶点，幸福也没有止境，要永远保持向上的激情和前进的勇气。你想要的，生活早晚会给你；你没想到的，生活也会给你惊喜。只要你保持一点：别止步，别停止追求！

3 在很多时候，我们都需要一种斩断自己退路的勇气。因为身后有退路，我们就会心存侥幸和安逸，前行的脚步也会放慢；如果身后无退路，我们才能集中全部精力勇往直前，为自己赢得出路。

4 很多人不敢自我突破，其实不然，只是缺乏大胆尝试的勇气和察言观色的习惯。

⑤ 前进只需要一个理由,后退却有一百个理由。"跟我冲"和"给我冲"完全是两个概念,并且会产生巨大的差距。新中国就是"跟我冲"中得到的结果。

⑥ 太多人宁愿找一百个理由证明他不是懦夫,却从不用一个理由证明他是勇士。放下只需一念之间,执着却有一百个借口。

⑦ 不怕路远,就怕志短;不怕缓慢,就怕常站;不怕贫穷,就怕懒惰;不怕对手强悍,就怕自己颤抖。最难的,其实是战胜自己。

第五章

★8 不冒一点险，你永远也得不到你生活中所追求的东西。

4. 坚韧不拔

★1 如果我们要做好一件事情，就要有志向和意志。志向与意志是相辅相成、缺一不可的。做事情的志向，也就是你必须要设定自己的目标，这样才能够合理组织自己的时间和精力去做事情。

★2 心情好了，那么什么都好，心情不好，你的一切也就乱了。离开优柔寡断的你，必须狠一次，否则你永远也活不出自己。

★3 每个人的人生都不会一帆风顺，高山阻隔，低谷探险，都在所难免。能不能取得想要的成就，就看你有没有坚持到底的决心。人生没有彩排，每一天都是现场直播，要取得想要的成就，就要把努力付诸到生活中的点点滴滴。

★ 我们常常不是输给了别人,而是坏心情影响了我们的形象,降低了我们的能力,扰乱了我们的思维,于是输给了自己。

★ 控制好心情,生活才会处处祥和。拿得起的人,处处是担当;看透的人,处处是生机。

★ 脾气好是因为没有人肯迁就你,想法深刻是因为没有人陪你玩,所以你有时间思考很多问题。喝醉后总能安全回到家,你以为那是你的超能力,其实只是

因为你知道不会有人照顾你。世界的真相就是这样，孤独让你强大，让你成为一个更好的人。

★7 一个人要是连自己的身材都控制不好，怎么去控制自己的人生。

★8 所有时间管理的背后，是良好的习惯；而良好习惯养成的背后，是惊人的意志力。

❾ 不要感到彷徨和迷茫，按当时的想法去走，可以找到更顽强的自己，或者独立地朝着理想走，反正你要的未来时光都会给你。

5. 自信满满

 你永远都不会知道未来的你有多强大。

 相信为万能之源。对信任你的人，永远别撒谎；对你撒谎的人，永远别太相信。

 每个人在别人嘴里都有不同的版本，你只需要知道自己要的是什么、在做什么。子曰："来说是非者，便是是非人。"

 人生最重要的不是你所在的位置，而是你所朝的方向，其余的时间交给"聚焦"来完成！

5 在我的心里，还有一个女孩，永远的。也许成熟但不世故，也许复杂但不浑浊。该笑的时候笑，该哭的时候哭，会愤怒，也会发傻气，永葆好奇之心，永远赞叹，期待奇遇。梦想不是一个目标，是一种气质。

6 最美好的状态就是，看过了世界的黑暗与痛苦，却依然相信它的单纯与美好。你不需要全世界的理解和陪伴，不必强求无所谓的结果和答案。

7 因为有的门关上了，你才不得不寻找新的路；因为有的人离开了，你才不得不遇上新的人；因为不断被否定和拒绝，你才开始了自我肯定和接纳之路。

8 既靠天，也靠地，还得靠自己。

9 人生充满了很多惊喜，充满了美好，充满了快乐，能遇到风平浪静，也会遇到惊涛骇浪，这才是精彩人生！

⑩ 终有一天，你一定会很棒！其实一个城市的表面越繁华，内心就越孤独，因为在繁华的背后有很多孤独的灵魂。每一个窗格子都是冷漠而不想相互靠近的，因为靠近会产生温暖，而温暖虽然可以带来内心的慰藉，却更容易让人丧失斗志与果敢。

⑪ 明明可以靠脸吃饭，偏偏有一生用不完的才华！

第五章

⭐12 一个活在过去的人，怎么还会有未来呢？所以卸下所有行囊，轻装上阵，创造你想要创造的一切，就从现在开始吧！

⭐13 一个人要先有价值，而后才能谈价钱，没有价值的人不要谈价钱。因为你值钱，所以你有钱。

⭐14 一流人才，可以把三流项目做一流。三流人才，会把一流项目做的还不如三流，你是哪一种？

⭐15 准确而及时的信息是打胜战的必要条件！

⭐16 你的成长速度，决定了你收入增加的速度！你的脑袋决定了你的腰包，腰包太瘪，是因为大脑还不够丰满！

⭐17 洗心革面，重新做人，脱胎换骨，全命以赴。

18 五千年终于轮到我上场,为这个世界留下点什么!

19 永远要追随结果最好的人。

20 在人生的最低谷,向任何方向前行都是进步。

21 只有对自己深信不疑,才能赢得别人的相信。

第五章

22 佛的信徒分为两种：一种是佛的信仰者，每天做的就是烧香拜佛；而另一种是佛的使者，学的是佛的行为，传播的是佛的理念。

23 我的人生我做主！我是世界级，我无敌。

24 聚散无常也是自然的现象，实在不需太过悲伤。请相信上天的旨意，发生在这世界上的事情没有一样是出于偶然，终有一天这一切都会有一个解释。

⭐25 我一直相信一句话："无论你遇见谁，他都是你生命中该出现的人，绝非偶然，他一定会教会你一些什么。"所以我也相信："无论我走到哪里，那都是我该去的地方，经历一些我该经历的事，遇见我该遇见的人。"

⭐26 前方的坦途看起来是最好走的路，但它一眼就能望到头，还没开始走，就已经清楚地知道将会路过怎样的风景，取得怎样的收获。另一条小路虽然看起来崎岖不平、充满凶险，但我天生就是一个喜欢突破、热爱冒险的人。

第五章

⭐27 赤橙黄绿青蓝紫，哪一种颜色都有它特有的亮丽，无论你选择了哪一抹明媚，都要懂得去欣赏它的美好。与此同时，还要动用所有的能力为它增添光彩，它的光辉，代表着你的荣耀与成长。

⭐28 时时充满正能量，人生变得不一样。

第五章

29 人生这条路充满崎岖和坎坷,但也充满了未知的精彩,我可以通过自己的双手去创造更多的奇迹,我愿意在这条路上挑战一下自己。

30 父母不在身边,我们可以练习独立;历经苦难,可以丰富我们的人生阅历;遇人不淑,能够锻炼我们的眼力和判断力。所有一切好与不好的经历,都是人生中珍贵的体验,请相信一切都是最好的安排,凡事必定有利于我。

31 如果你的身上同时有乞丐精神和富翁意识，你就很容易成功！乞丐精神就是，老子命一条，豁出去了，我没什么可担心的；富翁意识就是，我不在乎，因为我有钱，我输得起，输了可以再来，相信自己。

32 每天给自己一个希望，试着不为明天而烦恼，不为昨天而叹息，只为今天更美好。

33 世界上第一个相信你的人必定是你自己。

34 人本来就无贵贱之分，只是你的心理在作祟。所以面对地位比你高的人，要抬起你的头颅，挺起你的胸膛，轻松自然地与人交流。做一个自信的人，才是你成功的开始。

35 每个事物的存在都有它自身的理由，无论是蜚声海外的当红明星，还是享誉国际的百年品牌，都有它的过人之处。我相信去看一看最棒的企业、最棒的国家、最成功的人，一定是最好的成功方法。

⭐ 36 你找的每一个借口,都会变成你成功道路上的绊脚石。

⭐ 37 你永远也不会准备好,这个世界永远不会等你准备好,你所能做的就是战胜自己的恐惧,在害怕中坚持的越多,你就会发现自信的越多。

第五章

⭐ 38 你有信仰就年轻,疑惑就年老;有自信就年轻,畏惧就年老;有希望就年轻,绝望就年老。岁月刻蚀的不过是你的皮肤,但如果不失去热忱,你的灵魂就永远年轻。

⭐ 39 一个黄昏的来临,代表着一个黎明的开始!

⭐ 40 人之所以能,是因为相信能!相信自己,这个世界没有什么不可以!

⭐ 41 人之所以不相信,是因为他从未做到过!

6. 设立格局

 格局注定结局，付出等于杰出。

 一个人格局要大。没有做不到，只有想不到。800米的高楼，就要打900米的地基，才能站得更稳。

 人分为两种：一种是有理想却没有格局的人。这种人要先学会做人，然后做事，先有格局，再有结局；

另一种是小有成就但格局太小的人,这种人就要重新为他输入大爱的思想,让其突破瓶颈,做更大的事情。

★ 不要给自己的人生设限。

★ 80%的人所认定的终点,都是20%的人所认定的起点。

★ 一切的细节从根本开始抓起!

★ 凡是你想控制的,其实都控制了你,愿岁月锤炼你一副丰满的灵魂和清瘦的欲望。

第六章：为人处世

1. 精准定位

 找准个人定位，才能成为一颗有轨迹的星球。倘若没有轨迹，便只是万千宇宙中的一粒尘埃。

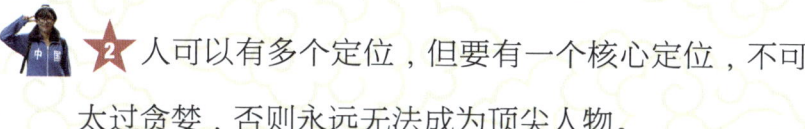 人可以有多个定位，但要有一个核心定位，不可太过贪婪，否则永远无法成为顶尖人物。

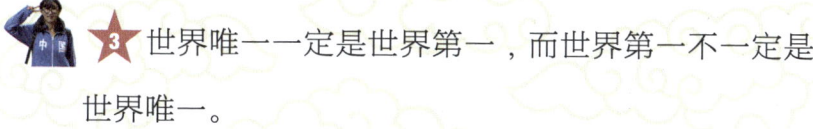 世界唯一一定是世界第一，而世界第一不一定是世界唯一。

不要把鱼放在树上，也不要把猴子放在水里。找准自己的个人定位，否则只会亲手葬送自己。

5 定位的偏差就如同一个定位为世界顶级面点师开了一家珠宝店来卖文具。

6 所谓精准定位,就是要让别人知道你是做什么的,否则你再有能力、再厉害,别人为什么要找你?或者别人找到你,你又能做什么?

第六章

7 个人定位就是天命,找不到自己的天命,最后就只能认命。

 个人定位就是你所有的焦点。所谓个人定位,就要朝着相应的方向发展,任何偏离都是不务正业。

 做不到个人定位,很大程度上是因为想象力不够。

 个人定位要精练成个人标签,然后从个人标签中提炼出核心价值。

 如果你什么都想做,那么你永远也成不了行业顶尖。

 你最终的位置,决定了你现在想要做的事情。

 人最重要的是定位,企业最重要的是定位,定位决定着你的能力。

 要先"定",才能归位,否则只能原地转圈。

 定位是虚无的,思维也是虚无的,要感谢那些虚

无成就了现在的你。

 ⭐16 如果你不认命,说明你有梦想。但在此基础上,倘若没有定位,最终只能死不瞑目。

 ⭐17 倘若别人不支持你,无论成功或失败,只不过是说明你的定位不准确。

 ⭐18 也许你很好,但你没有定位,所以你可有可无。

为人处世

 19 一旦找到个人定位，不要再受任何风吹草动的影响，只研究你自己的目标。

 20 "定"字的三大标准：心定、身定、神定。

 21 个人定位就是自己的源代码。

 22 个人定位就是做自己真正想要的事情，你之所以还不相信，只不过是没有得到自己真正想要的。

第六章

 23 我只研究是时候，从不研究到时候，如果一定要问是什么时候，那就是当你找到了个人定位，找到天时的时候。

 24 人没有办法用有限的时间做好自己所有想要的标签。

 25 事情都要以结果为导向，即便现阶段的能力无法

承担定位的重量,请不要退缩。因为从来都是先有定位才有能力,而不是先有能力再去定位。

⭐26 当有人不认可你的时候,是因为你没有定位,也可以说是没有归位,所以世界级的位置就没有你的份。

⭐27 所谓个人定位,就是你这辈子做了之后,可以死而无憾的事情。

2. 善于交流

⭐1 倾听的力量很强大,如果掌握了倾听的技巧,我们就会成为广受欢迎的人。

⭐2 人与人之间要多沟通,多交流,处理不了的时候就换一种方式再沟通。

⭐3 与你无缘的人,说再多也是废话。与你有缘的人,

你的存在就能惊醒他所有的感觉。就比方跟有些人说话,真的要每分钟原谅他八百次,才能继续和他说下去。

时刻保持并给予家人视觉、听觉、触觉、嗅觉、味觉等全方位的惊喜。

3. 功成名就

潜力需要被激发,成功需要去奋斗。

内心的渴望和坚持才是成功最重要的因素。

3 在对的年龄做对的事，不要在乎世人的眼光；游乐场到中年再去吗？高跟鞋等六十岁再穿吗？篮球要到五十岁再打吗？爱就要趁早！疯就要趁早！成功就要趁早！别让"等"成为后悔！

4 把所有原定于明天的计划都改成今天的计划，并且把所有计划做成一套严格执行的系统，你就等于拥有了一本成功的秘诀。当你放下并朝着梦想进军的时候，你就已经踏上了成功的道路。

5 不打无准备之仗，所谓呈现在人前的成绩，只是按部就班的结果。

 ❻ 亲爱的伙伴，你要记得：学识的渊博不是为了征服别人，而是为了看清自己的渺小！财富的丰厚不是为了炫耀奢华，而是为了增加扬善的担当！地位的显赫不是为了孤芳自赏，而是为了率众前行！力量的强悍不是为了欺压弱小，而是为了自由呼吸！一个人有了能量，不是为了满足私欲，而是为了承担更多的使命！

 ❼ 持续的训练不是为了虚度时光，而是为了让生命绽放光彩！这些才是你追求成功的真正意义所在！不忘初心，方得始终！

 ❽ 如果要问成功所需的努力和拼命的程度，那就把终点变成起点。

 ❾ 越努力，越优秀；越付出，越幸运；越感恩，越成功。

 ❿ 格局注定结局，成败在于决心。

 ⭐ 11 天使的面容，魔鬼的身材，还不能算是成功的人生！真正的成功，是明明美若天仙，却不必靠脸吃饭！

第六章

 ⭐ 12 人失败越多收获越多，要记住一个原则：增加失败的次数，减少失败的时间，你一定会成功！

13 倘若你还没有成功,那就不要害怕失败,因为没什么好失败的。不害怕失败的,永远都是成功者。

14 有一种成功,叫永不言弃;有一种成功,叫继续努力。人们都说,过去的习惯决定今天的你,所以过去的懒惰决定你今天的一败涂地。

15 所谓成功,并不是看你有多聪明,也不是要你出卖自己,而是看你能否笑着渡过最艰难的时期。

16 如果你成功了,向别人诉说自己的传奇,那你就是神。如果你没有成功,那你就是神经病。

17 成功是为了成就更多的人,而不是挤掉一些人。

18 成功四步骤:一是下定决心,二是制定计划,三是坚决执行,四是永不言弃。

 19 有的时候你不能成功,不是因为你什么都不会,而是因为会的太多,所以不聚焦。

 20 失败是正常的,所以要把失败当作加减法,成为你的动力。

 21 成功无捷径,全靠玩命。

 22 一个人的成就,是在你离开人世后有多少人还在

追随你的思想、你的脚步、你的轨迹,有多少人感激你,多少人赞扬你!

不要高估一天的成就,也不要低估一年的改变。

一切成交都是为了成就。

一个人的成就在于你改变了多少人的生命轨迹,你帮多少人实现了自己的人生价值,帮助多少人被社会需要!做一个带给别人希望,带给别人温暖的人。

所谓的成功者,只有两种人:第一种是疯子,比如爱因斯坦、爱迪生。还有一种是傻子,比如王羲之、陈毅。

与成功者合作的机会只有一次,如果你搞砸了,就再也不会有第二次机会。

每一个成功者背后都有一个倔强的灵魂。

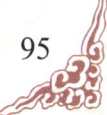

 ㉙ 人生的成就是一本自传，年龄不是问题，重要的是经历。

第六章

 ㉚ 一个人宽容到至于软弱，必定遭到欺凌，勇敢的足以拒绝，才会不受羁绊。好在，一切势利的人、欺诈的人、愚昧的人，如同一切软弱的人一样，都将为自己的行为付出代价。其实，人的一生注定要和很多

人分道扬镳,哪怕是一度关系极近的朋友。而一切独立的人,都会有自己的天地。你是谁,你便会遇见谁。

★31 这个世界上有两种人,一种人是强者,一种人是弱者。强者给自己找不适,弱者给自己找舒适。想要变得更强,就必须要学会强者的必备技能,那就是让不适变得舒适。

★32 人不可能永远走宽阔的柏油马路,也不可能永远走泥泞小道,关键是在春风得意时提防激流险滩,在风雨泥泞中站稳脚步。这个世界没有比人再高的山,也没有比脚更长的路。

★33 日行千里,夜行八百!人生最大的成功不是取决于你是谁,而是取决于你帮助了多少人!人生不能控制自己的生命长度,但可以控制自己的生命宽度!

★34 在成功者的眼里,永远不会有绊脚石。哪怕是一座山,它也是登天梯!

 ★35 人生是一场旅程，所有的结果到最后都会化成一个精彩的故事，所有的酸甜苦辣都会成为你美好的经历和回忆。当你成为一个有贡献的人时，成为一个对别人有帮助的人时，你就成为自我的拥有者。等到离别到来的时候，你就可以对这个世界说：曾经，我来过。

 ★36 成功者主动出击，失败者被动受袭！

 ★37 高度不同，角度不同。别人能看透一百分的事情，

你站在高处，就能看透一百二十分。

 ⭐38 人来到世界是为了创造价值，而不是享受。

 ⭐39 想要站上新的高度，就要承担相应的责任，必须要拿出义无反顾的心态，否则就不要上去。

 ⭐40 人生就是一个剧本，每天都是现场直播。人生不能重来，所以每天进步一点点，胜利了我们乘胜追击。失败了，我们东山再起，不以成败论英雄。只要每一个过程你都全力以赴了，你的人生便不再有遗憾。做过，尝试过，经历过，全力以赴过，就是你对人生最好的总结。

 ⭐41 很多人认为"传奇天注定，努力不重要"。但我想说的是，我之所以能够站在现在的高度，完全是因为比别人付出的要更多。

第六章

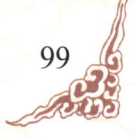

 ⭐42 每天做更多有价值有意义的事情，是我来到这个世界真正的价值。

 ⭐43 一个人再怎么样，也是吃一顿饭，睡一张床，住一间房。你不可能一个人同时睡几张床，同时住几栋房子。

 ⭐44 宁可做错，不可错过。

第六章

 ⭐45 洗尽铅华，在喧嚣的尘世中重新寻找属于自己的位置，这是一种选择，更是一种勇气。在人生的大起大落之间，如能保持洞察一切的眼光和高瞻远瞩的智慧，成功就一定不会太远。

⭐46 当一切都莫名地仿佛停滞不前的时候,就停下来检查一下策略是否有问题,所有的事情都不会只有一种解决方式,但最合适的却一定只有一种。找到它,就找到了成功的捷径。

⭐47 成功者永不放弃,放弃者永不成功。

4. 修身慎行

⭐1 心底无私天地宽!

⭐2 我们永远无法预计生命何时停止,但是我们可以把有限的生命投入到无限的为人民服务中!

⭐3 写给自己的话:不吃闲饭,不看冷脸;不掩己拙,不揭人短;不失童趣,不露媚颜;不笑人穷,不欠人钱;不求人喜,不招人烦。

  ★4 不要总问为什么,多想想凭什么!

  ★5 实力 = 努力 + 能力 + 定力。

  ★6 权利是别人给的,权威是自己树立的。

  ★7 爱自己才能爱世界。

  ★8 你之所以不够好,是因为你的德行不够厚。

为人处世

⭐❾ 所有会饿死的人，都是在找个理由继续堕落。

⭐❿ 当你只需要养活你自己的时候，上天只给你有限的财富；而当你去造福他人的时候，上天才会赋予你无限的财富。

⭐⓫ 不管你有多不开心，我们都有责任先吃好一顿饭，睡好一个觉，打扮好自己。很多烦恼，其实都没什么大不了，只是你在那个情境下，在那种心情里，庸人自扰罢了。所以无论发生什么，先善待自己，时间一过，世界自然会好。

第六章

⭐⓬ 宇宙赋予你的物质，与你造福人类的数量是相等的。

⭐⓭ 你将来想要一个什么样的孩子，你今天就要做一个什么样的榜样，榜样的力量是无穷的！

⭐⓮ 这个世界上有一群可爱的人，你赢时，他陪你笑傲江湖；你输时，他陪你东山再起。

为人处世

 ⭐ 15 生命太过短暂,今天失去的明天不一定能得到!

 ⭐ 16 世界上有两种人——索取者和付出者。前者可能吃的很香,后者会睡得很香,你想成为哪一种,自己决定!

 ⭐ 17 换位思考不是一种态度,而是一种能力!

 ⭐ 18 苹果熟透了就该腐烂了,人不进步就开始颓废了!

第六章

 ⭐ 19 一花一世界,一叶一菩提!万物皆有灵,缘乃天注定!一物不爱,何以爱苍生!

 ⭐ 20 那些你以为熬不过的过去,都会变成你再也追不回的曾经!

 ⭐ 21 如果每个人都能理解的了你!那么你得普通成什么样子!

为人处世

 ⭐ 22 你若盛开,蝴蝶自来!

第六章

 ⭐ 23 我喜欢用最直白的语言讲出最深刻的道理,目的是让你明白最重要的事实和已经迫在眉睫的真理!

 ⭐ 24 大多数人都认为是对的道,那一定出不来世界级的道。真正的道是大多数人都想不到的道,这才叫做

105

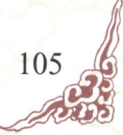

世界级应该有的道,才能称之为全世界能够源远流长、永不消逝的道。

 ⭐25 脱胎换骨就是脱掉肉体凡胎,换上铮铮铁骨。

 ⭐26 前世有缘今生无悔。

★ 27 合理的训练是历炼，不合理训练的是磨炼。

★ 28 我的生命这只是个开始，迎接我的是下一个辉煌！

★ 29 人之所以不改变是因为痛苦不够！

★ 30 人类最伟大的武器就是豁出去的决心！

★ 31 凡事都有影响力！

★ 32 很多人珍爱生命，只有少数人会珍惜自己的时间！

★ 33 你来到这个世界上有多少人在笑，那是你父母的功劳，你离开这个世界，有多少人在哭，那是你的贡献！

★ 34 刻薄和幽默是两回事！口无遮拦和坦率是两回事！犯贱和开玩笑是两回事！没教养和随性是两回事！轻重不分和耿直是两回事！真性情和不尊重人

是两回事!请别把说话不顾场合和不顾他人感受叫性子直!不要认为别人的沉默就是对你的让步!别肆意浪费别人对你的包容!

⭐35 好看的皮囊千篇一律,有趣的灵魂万里挑一!短暂的一生终将失去,何不做出点精彩回忆!

⭐36 人一定要有五样东西:扬在脸上的自信、长在心底的善良、融进血里的骨气、两侧外泄的霸气、刻进命里的坚强!

 ⭐37 孤独跟寂寞不是一回事。孤独是沉醉在自己世界的一种独处，所以孤独的人表现出来的是一种"圆融"的高贵。而寂寞是迫于无奈的虚无，是一种无所适从的可怜。孤独是一种财富，人只有在孤独时，心才会真正地安静下来，才会很理智。孤独不苦，而是一种很高的境界！

 ⭐38 为值得的人赴汤蹈火，对闲杂人等别在乎太多。如此，你的善良才显矜贵。

 ⭐39 有点成绩就骄傲，还记得你最初的梦想吗？有资格堕落吗？做人不在于一时的努力，而在于时时刻刻的全力以赴！

 ⭐40 你究竟有多好，别人不会知道，因为这世上绝大多数人都不在乎你。如果你真的非常好，那么这反会成为别人嫉妒的理由。人们可以容忍平凡，却不能容忍出色。所以你想知道你有多优秀，就看有多少人在嫉妒和打击你。

★41 有一种人,起床从不叠被子,头发随便一撸就去刷牙,胡乱洗几把脸就搞好洗漱。早饭从不吃,没事喜欢宅家,不喜欢逛街,热衷于某些东西比如动漫、小说或者追剧,平时懒得要死从不整理东西,然后会在某天集中大整理累的死去活来。这种人大概是没人要了。

★42 请做一个被世界所需要的人。

★43 越高端,越简单,简单就是核心竞争力。

5. 穷理尽性

⭐1 你没有办法改变他,是因为你的优秀不足以震撼他。

⭐2 我不会去抱怨任何事情,每一天我都把它当作最后一天来过。

⭐3 抱怨是最没有意义的一件事情。你抱怨你的同桌每次总能比你考高分,你抱怨你的同事每次都能得到领导的赏识,你抱怨为什么别人总是运气那么好,而自己喝口水都能呛着,但能说明啥呢?没人会去憎恨你的同桌、同事,反而你的不断抱怨还会让人觉得你很没用。

⭐4 在我看来,人类不是死于疾病,而是死于无知。

⭐5 不管你有多么真诚,遇到怀疑你的人,你就是谎

言；不管你有多么单纯，遇到复杂的人，你就是有心计；不管你有多么天真，遇到现实的人，你就是笑话。

★6 有结果，才有尊严！有结果才有发言权。

★7 我能站在今天的位置，全都靠一点点的累积和不断的努力。

第六章

★8 人抬人，抬出伟人；僧抬僧，抬出高僧！你把身边的人看成是草，你就被草包围，你就是"草包"！你把身边的人都看成宝，你就被宝包围着，你就是"聚宝盆"！

⭐9 人生,就是要懂得放大别人的优点,欣赏别人的长处,才能相互协作,相互支持,价值共赢!

⭐10 人生要么将就,要么讲究。

⭐11 我们生活的每一天,都在穿越时空。我们所能做的,就是尽其所能,珍惜这趟不平凡的旅程。

⭐12 人无优缺点,只存在特点。用对了地方就是优点,用错了地方就是缺点。

⭐13 如果你是狮子,别人骂你是狗,你不会真的变成狗,故不用为此而生嗔;如果你是狗,别人赞叹你是狮子,你也不会真的变成狮子,故不必为此而生喜。所以别人的赞叹不会让你变好,别人的指责也不会让你变坏,这些没什么可执着的。

第六章

14 不要再来给我讲那么多的商机无限,我听不见,我也看不见,我只知道:有结果才有发言权!希望你听句劝,结果没有太好之前请不要再来浪费你、我、大家的时间!我有很多事情要做,还有很多梦想未完成!我只知道的是:天上没馅饼,没有谁出生就是世界第一名,所以我只有时间加倍努力,负能量的请走开,矫情屁事多,是因为懒散堕落闲,没事做的请走开,我没时间和你聊天,因为一不小心又到了夏天!降龙十八掌专治各种事妈、无聊汉!

 ⭐15 人生没有如果,只有后果和结果。过去的不会再回来,即使回来也不再完美。生活有进退,输什么也不能输心情。生活最大的幸福就是,坚信有人爱着我。对于过去,不可忘记,但要放下。因为有明天,今天永远只是起跑线。生活简单就迷人,人心简单就幸福,学会简单其实就不简单。

 ⭐16 有一种强大叫简单,强大到谁都无法破坏内心的纯粹。

6. 满怀愿景

 ⭐1 保安人员和公安人员都没活干了,我反而会很开心,因为社会治安好了,我们的祖国才能有其他更好的发展机遇。

 ⭐2 每个人的人生都会有不一样的收获,能够分享的内容可以促进大家共同进步。来不及分享的,就放在自己

的心里和生命里，用于自己不停脱胎换骨式的成长过程。

★3 结果不是终点，过程才是终点！

★4 我也曾为了一次误会，一句傻话，而忧虑良久。不惜为此赴汤蹈火，以求得一个理解。但最终发现，于己如此重要，于人却不过是过眼云烟。

★5 那些压得心累、心疼、心烦的担子，大多都是自己强加的。

★6 毕竟有些事情，该懂的人总会懂。不懂的人，其实永远无须多讲一句话。

★7 不要在意别人在背后怎么看你、说你。因为这些言语改变不了事实，却可能扰乱你的心，心如果乱了，一切就都乱了。

 ⭐8 人活着,就要幸福地活着,舒心地活着。总是成为别人的负担,我不可能开心。不开心的生活,我觉得没有意义。

 ⭐9 善待自己,使自己成为最优秀的,比善待别人更有意义。

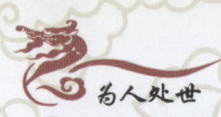

 ⭐❿ 世上没有偶然,有的只是必然。因为有许多事不完美,所以我们才追求完美。因为有许多时候不快乐,所以我们才渴望快乐。

7. 与人相处

 ⭐❶ 远离这四种人:

你帮助他时他高兴,你没帮他时他就翻脸,涉及一点点利益就立马黑脸(无德型);

不懂得尊重别人,以自我为中心,觉得所有人都不如自己(自大型);

习惯将快乐建立在别人的痛苦之上,为了自己的利益损害大家的利益,在弱者面前炫耀自己的成就(损人利己型);

拍背搂腰地喊"有事吱声,绝对好使",真有事时连个影儿都见不到(独活型)。

与以上四种人交了朋友,你的人生基本就毁掉一半了。子曰:君子和而不同,小人同而不和。

 ★2 其实每个人都是这样的。一人一世界,我们很难完全的去看到别人眼中看到的东西。这个时候,信任显得特别重要。我告诉你我看见的,听见的,如果爱我,请相信我。

  ★3 一定要交以下四种朋友:

欣赏你的朋友,在你穷困潦倒的时候鼓励你、帮助你;

有正能量的朋友,在你伤心难过的时候陪伴你、开

导你；

为你领路的朋友，愿意无私引领你走过泥泞、迷雾；

会批评你的朋友，时刻提醒你、监督你，不希望你的人生路走得磕磕绊绊。

有这样的朋友，你的人生将充满阳光。

第六章

★4 知音,能有一个已经很好了,不必太多。如果实在没有,还有自己,好好对待自己,跟自己相处,也是一个知音。

★5 我认为所谓"天时地利人和",三者之间,"人和"是最重要的,只要有了"人",就不怕等不到"天时",也不怕争不来"地利"。

★6 天外有天,人外有人,永远不要对自己取得的成绩固步自封,成功是没有极限的。

★7 世界上最奢侈的人是肯花时间陪你的人,每个人的时间都有价值,把时间分给了你,就等于把自己的世界分给了你。世界那么大,有人肯陪你,是多大的情分!

★8 每个人的生活方式不同,注定会有人对你抱有偏见。不用争辩,因为不是他们有多坏;不用解释,因为有些事根本解释不来。

第六章

★⑨ 人贵在大气，要学会对自己说："如果这样说能让你们满足，我愿意接受。"请相信真正懂你的人，绝对不会因为那些有的没的而否定你。

 ⑩ 人与人之间的差异，其实很简单：你在赖床，他在锻炼；你在应付工作，他在用心工作；你在完成今天的计划，他在策划明年的计划；你在找借口，他在解决问题；你在消费，他在理财；你在算计自己的利益，他在考虑对方的利益。

⑪ 人生要做对三件事：选对平台，交对朋友，跟对老师。子曰："三人行必有我师，择其善者而从之，其不善者而改之。"子曰："近朱者赤，近墨者黑。"

第六章

⑫ 相信有一天，你的伙伴、曾经幸福的负担，都会变成你的骄傲！我就是这样爱着你们！子曰："道不同不相为谋。"与志同道合的人共事，才能跑得快、跑得远。

 ⑬ 成功始于用心，做人，圆满；失败始于自我，妒人，膨胀。

 ⑭ 你永远不知道别人嘴中的你会有多少版本，也不

会知道别人为了维护自己而让你受过多少委屈,更无法阻止那些不切实际的闲话。而你能做的就是置之不理,更没必要去解释澄清,懂你的人永远相信你。

 15 理解你的人,不需要解释;不理解你的人,不配你解释。

第七章：团队建设

1. 团队塑造

⭐1 如何做一个好的领袖？——具备一颗做大事业的决心，有一颗持久的恒心，还有普度众生的善心。

⭐2 想要成为甩手掌柜，就要把追随者打造成为领导者。用以身作则的方式去影响你的团队。

⭐3 任何人都不可能是十全十美，只有所有成员都真正融入团队，彼此之间优势互补，整个团队才会更加完美，战斗力才会更强。在这个凝聚的团队里，领导者是其核心。只有领导者以身作则，高度融入，整个团队才会围绕着核心高速运转起来。

 ⭐4 世界上没有完美的个人,只有完美的团队,相辅相成才能成大事。

 ⭐5 作为一个团队的核心,绝不能拿团队的利益去做自己的慈善。

 ⭐6 我做公司的理念是:要打造一个与精锐部队一样的团队,而不是一个普通公司的员工。

 ⭐7 做企业总是旧的问题还没得到解决,新的问题便接踵而至,但无论如何,首先要解决的问题是团队建设。

 ⭐8 为了利益而共存的叫团伙,为了彼此而共存的叫团队,在团队里不计较个人的得与失。一心只想如何能让团队赢,你就是一个好队员!在团队中你愿意为你的队员去承担给团队减分的任何事情,丝毫不抱怨,那你就是一个好队长!

 ⭐9 没有无比热爱教育训练的总裁,就不可能训练出无比敬业的员工!

 ⭐10 最好的合作就是提升自己去为合作伙伴创造价值。

 ⭐11 你的团队决定了你的胜负!

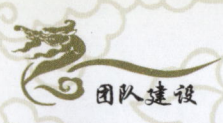

 ⑫ 人生四道：知道、悟道、做到、得到。田雲娴国际教育训练集团只让大家"得到"！

 ⑬ 表扬员工时要白纸黑字当着全公司开会之时，批评员工时私底下不留任何痕迹！

 ⑭ 想要跑得快就单独上路，想要跑得远就结伴同

行。假如,你想成为一个举足轻重的人物,你只有两种选择:第一种选择就是自己很厉害,你可以以一顶万;第二种就是你自己很一般,但是你可以找一群很厉害的人。如果想要成为一个非常棒的人物,至少要能够帮助别人或成就自己。

2. 人才选用

最好的人才是免费的,因为他赚取的利润早把他的薪水给盖住了。

先有人,后有职位,而不是先有职位再选人,要人尽其用。子曰:"贤贤易色。"要学会挑人、选人、用人。

没有不好的市场,只有无能的人!

人才不是招来的,人才是被吸引过来的。

 ⭐5 千军易得，一将难求，千将易得，一帅难得！

 ⭐6 天下一切的资源和人才不一定为我所有，但一定可以为我所用。

 ⭐7 这个世界上没有用不了的人，只有不会用人的人。

 ⭐8 你永远训练不出比你更优秀的人。

 ⭐9 这个世界上只存在强强联合，不存在强弱联合，

强者只喜欢强者，所以要强大自己。

3. 企业管理

说了就得算，定了就得干，说了不算定了不干是零蛋！

企业管理的问题都是监督不到位造成的！

授人以渔，可以让人独立创造；授人以鱼，让人养成的只会是索取的习惯！

企业初创靠资金，企业发展靠团队，企业超越靠学习。

世界上最好的搭档是势均力敌，是互相成就。

一个能管理自己的人才能获得管理世界的能力。

 ⭐7 有的时候呢，我逼你是因为我想成就你，我不逼你是因为我相信你，你可以成就你自己。

 ⭐8 把合适的人放在合适的位置，不行就调一调，把每个人的能力都发挥到最大，这样你才是一个合格的头。

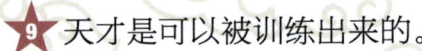 ⭐9 天才是可以被训练出来的。

 ⭐10 作为公司的骨干力量，至少要坚信你的信仰。

 ⭐11 我所有的徒弟，我只负责成全他，不负责替他做决策。

 ⭐12 财哥最崇拜我的地方就是我可以带着一群未成年人打天下。

第八章：个人品性

1. 心胸宽广

 人生来就是孤独的，不要奢望依靠谁，哪怕是至亲至爱。越是喧嚣处，往往更孤独。

 心系一处，自走自路。

 女人要有女神的外表和爷们儿的心。

个人品性

★4 其实真没必要太在意别人对你的评价，和讨厌你的人解释就是浪费时间。你越反击，他就越喋喋不休，甚至都没看看自己什么样，这样的人纯属就是缺少存在感，来秀下限的。与你毫无关系的人永远都是毫无关系，不必理会，也不用较真儿。

★5 有些人会因为朋友没有认真听自己讲话而郁闷，有些人会因为男朋友没有及时回复短信而纠结，还有人因为同事的冷淡态度而倍感失落，其实这些都是没必要的。

★6 要问什么可以给人带来快乐，使人摆脱阴霾，分享或许是最简单有效的方式。聪明人总是善于分享一切可以分享的物质，并把自己总结的心得分享给更多的人。

★7 生意可以不做，但善事不能停下来。如果每个人心中都多一点善念，这个世界一定会变得更加美好。

个人品性

8 你对别人付出,别人也会对你付出。用同样的心态对待你,付出了就会有收获。

赠人玫瑰,手有余香。在别人犹豫时,递上一束玫瑰,我们的双手也会沾满爱的芳香。当别人迷路时,为他点亮一盏希望的明灯,他便会找到前进的方向。真正有使命、有爱心、善良、乐于付出和奉献的人,是不求回报的。对这些人来说,别人因他而获得成功,便是最大的回报。

第八章

个人品性

⭐ 10 孤独是人生必走的路、必吃的苦。苦到尽头，甘自来。狮子不怕孤独，所以强大；羚羊喜欢群居，因为弱小。

⭐ 11 做人要大方、大气，不放弃！

⭐ 12 学会给别人机会。

⭐ 13 人生无处不修行，能在孤独中心静如水，才能在纷扰里安然无恙。

⭐ 14 哪条路最好走，你总要多走几次才知道。哪双鞋最合脚，你总要多试几次才选择。无论有多困难，都要坚强地抬头挺胸告诉所有人，你并非他们想象的那样不堪一击。你想想，你有那么好的年纪，为什么不笑得更好看？

⭐ 15 读万卷书，不如行万里路。

 ⓰ 把笑话变成神话,你就是传奇!

⓱ 当我们的大脑里全部放满了灰色的时候,也是我们即将窒息的时候。人生没有那么多为什么,把那些灰色的记忆垃圾都清理出来,放进新鲜的空气吧!这样你的生命才可以更美丽。

个人品性

⭐ **18** 穿梭于茫茫人海中,面对他人的一个小小的过失,一个淡淡的微笑、一句轻轻的话语,常常就能让他人感受到我们的包涵和谅解——这就是宽容。

⭐ **19** 每一个在你生命里出现的人都有原因,都有使命。喜欢你的人给了你温暖和勇气,你喜欢的人让你学会了爱和自持;你不喜欢的人教会了你宽容和尊重,不喜欢你的人让你知道了自省和成长。

⭐ **20** 学会宽容,意味着你不再心存疑虑。

⭐ **21** 相传,古代有位老禅师在禅院里散步时,突见墙角边有一把椅子,他一看便知有出家人违反寺规越墙出去溜达了。当时是晚上,老禅师也不声张,走到墙边移开椅子就地而蹲。少顷,果真有一个小和尚翻墙,黑暗中踩着老禅师的脊背跳进了院子。当他双脚着地时,才发现刚才踏的不是椅子,而是自己的师父。小和尚顿时惊慌失措,张口结舌。但出乎意料的是,师父并没有厉声责备他,只是

第八章

138

用平静的语调说:"夜深天凉,快去多穿一件衣服。"

22 要知你并非踽踽单行,在这个世界上,我们各自走着自己的生命之路,纷纷攘攘,难免有碰撞,所以即使心地最和善的人也难免要伤别人的心。如果冤冤相报,非但抚平不了心中的创伤,而且只能将双方绑在无休止的争吵战车上。

23 宽容是一种博大,它能包容人世间的喜怒哀乐;宽容是一种境界,它能使人跃至大方磊落的台阶。只

个人品性

有宽容，才能愈合不愉快的创伤。只有宽容，才能消除人为的紧张。

⭐ 24 有人说宽容是软弱的象征，其实不然，有软弱之嫌的宽容根本称不上真正的宽容。宽容是人生难得的佳境，是一种需要操练、修行才能达到的境界。

⭐ 25 宽容，意味着你不会再为他人的错误而惩罚自己。

⭐ 26 气愤和悲伤是追随心胸狭窄者的影子。

⭐ 27 生气的根源不外乎是异己的力量——人或事侵犯、伤害了自己，一言以蔽之。认定别人做错了，于是勃然作色，恶从胆边生。咬牙切齿，怒从心头起。凡此种种生理反应无非在惩罚自己，而且是为他人的错误，显然不值。

⭐ 28 人的烦恼一半源于自己，即所谓画地为牢，作茧自缚。

★29 宽容地对待你的敌人、仇家、对手，在非原则的问题上，以大局为重，你会得到退一步海阔天空的喜悦、化干戈为玉帛的喜悦、人与人相互理解的喜悦。

★30 宽容，首先包括对自己的宽容。只有对自己宽容的人，才有可能对别人也宽容。宽容，意味着你不会再患得患失。

★31 我们除了要学会律己、宽容别人、成全别人之外，还要学会成全自己、宽容自己，给自己更多的时间和

空间，来不断发展和完善自己。这样，你才会生活得简单、充实。

⭐32 当别人做了对不起我们的事时，我们反应态度的尺度大约是三种：第一，宽容和原谅；第二，以牙还牙；第三，变本加厉。在这三种态度上，实际上是反映了我们自身的教养。

⭐33 芸芸众生，各有所长，各有所短。争强好胜以致失去限度，往往是受身外之物所累，失去了做人的乐趣。只有承认自己某些方面不行，才能扬长避短，才能不被嫉妒之火吞没心中的灵光。

2. 胸怀壮志

⭐1 如果你这辈子终究要当一名演说家，那你现在就当一名演说家；如果你这辈子终究要出一本书，那你现在就出一本书；如果你这辈子终究要减肥，那你现在就减肥。

个人品性

 ★2 经济不独立,靠父母你是公主,靠老公你是皇妃,靠自己你是乞丐。

 ★3 梦想是一切能力的源动力!

 ★4 当你的梦想成为一种信仰,你就是那只打不死的"小强"。

第八章

 ★5 多数人25岁就死了,一直到75岁才埋。

 ★6 不是所有的事情都可以说清楚。然而比说清楚更

143

重要的是：能承担、能行动、能化解、能扭转、能改变。能想自己，更能想别人，顾全大局，这就是法。愿意成就别人、为别人付出，不惜经历磨难、受到委屈，这不仅是一种境界，更是一种智慧。做一个心中时常想到别人的人吧！

7 一个人要有一个智慧的灵魂和一个强大的身躯。

8 人就这么一辈子，有些事情如果此时没下定决心，也许就永远都没有实现的可能了。时不我待，既然心存梦想，那就赶快把它叫醒吧！

9 我从未梦想过我要成为富翁的后代，但是我可以成为富翁的祖先。

10 奇迹只会发生在拥有梦想、相信奇迹、并付出努力的人身上。

个人品性

第八章

 ⭐11 别小看那些从来默默无闻的人，或许他们都在不动声色地努力，到最后，别人完成了梦想，你却辜负了自己。

 ⭐12 你的梦想有没有像信用卡到期时候那么记忆深刻。

⭐13 有些梦想，即使永远也没办法实现，可能连说出来都很奢侈。但如果没有说出来去温暖一下自己的话，就无法获得前进的动力。

个人品性

⭐14 唯一能阻止你实现梦想的，就是你自己的渴望。

⭐15 梦想的时候能会心一笑，坦然。

⭐16 梦想，就是做梦都在想的事情，称之为梦想。

⭐17 给人生一个梦，给梦一条路，给路一个方向。跌倒了要学会自己爬起来，受伤了要学会自己疗伤。

⭐18 这个世界上没有比梦想更重要的一种财富了，我们不仅要保护自己的梦想，还要去实现自己的梦想！不要让任何人偷走你的梦想！

⭐19 不要想梦想实现不了怎么办，万一实现了怎么办？

⭐20 梦想被确定期限，就变成了目标；目标经过分解，就变成计划，计划经过行动，就变成现实。

个人品性

★21 个人规划，源自一个梦想。因为梦想，我们走进了理想，拥有了思想设定了目标，意志坚定，直到达成人生终极目标。

★22 永远不要放弃你真正想要做的事，怀着伟大梦想的人总比接受所有现实的人强大。

第八章

★23 一个人至少拥有一个梦想，有一个理由去坚强。心若没有栖息的地方，走到哪里都是流浪。

★24 每条河流都有一个梦想：奔向大海。长江、黄河

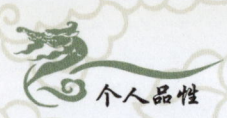

都奔向了大海，方式不一样。长江劈山开路，黄河迂回曲折，轨迹不一样。但都有一种水的精神。水在奔流的过程中，如果沉淀于泥沙，就永远见不到阳光了。

 25 为梦想选择了远方，便没有回头路可以走。所以要么战死沙场，要么狼狈回乡。

 26 人生的意义不在于实现自己多少的梦想，而在于帮助多少人实现了他们的梦想。

 27 有梦想的人在感恩，没梦想的人在抱怨。

 28 人如果没有梦想，就如同行尸走肉。

 29 如果你的梦想无法令自己热泪盈眶，那就不是梦想，充其量只是一个想法。

 30 梦想与现实的距离并没有想象的遥远，当你有

个人品性

了信念，并下定了决心，你就会发现，这个距离是可以丈量的。

★31 我没有想过当大明星，也没有想过大红大紫，我就是想要做好自己应当做的事情。

小山东：进入演艺圈从事演艺事业

第八章

★32 孔子的思维方式和价值取向其实早已融入到我

149

们中华儿女的血液里，成就了我们这个民族的性格特征。修身养性齐家治国平天下，成为无数有志之士一辈子追寻的目标。

 有人称我为"梦想实现家"，然而我却总认为好戏还在后面。或许真的像人们说的那样，没有做不到，只有想不到。

 实现梦想的秘诀只有4个字——马上行动。

 世界上没有做不成的事，只有不敢想的人。

 成功者不是疯子就是傻子。

 有梦想的人睡不着，没梦想的人睡不醒。

 梦想和现实就是有差距的，梦想是需要一步步去实现的，起点不重要，终点才重要。

个人品性

39 实现自己的梦想,根本不叫本事,但是你能帮助很多人实现他们的梦想,那就比较厉害了,这就是我想要达成的目标。

40 我只想做一块砖,因为有我的存在,能够引出更多玉,一起为中国的经济发展做贡献,我相信那些年轻的企业家和创业者会比我做得更好。

41 我知道孩子在出生的时候都是有梦想的,这个梦想就是一双翅膀,可以带他去任何想去的地方。每一个人也都有未被开发出来的潜能,这种潜能能够让你实现所有的梦想。

第八章

个人品性

★42 只要有了梦想,你的人生就不会再有彷徨!哪怕没有了双腿,也可以走的一样铿锵!哪怕只是个孩子,他也一样有资格为了自己的梦想,一路快乐勇敢的向前闯!

★43 人生除了生死,其余的都是小事!好好努力去实现自己的梦想,趁活着。

★44 人生只有一种英雄主义,那就是认清生活后仍旧热爱生活。

★45 你没有能力我可以帮你,你没有梦想我帮不了你。

★46 世界很可爱,人生很幸福。再不疯狂我们就老了,燃烧吧,我的梦想!

★47 如果有一天你突然发现有这样一个团队:从大到小,无论是几岁还是几十岁,都可以德才兼备,文武双全!是商界高手,又是全能奇才!不要感到惊讶,

个人品性

那一定是田雲娴国际教育训练集团的团队！我们这里每个人都可以，相信你也可以！

 ⭐48 活着就是为了创造奇迹，此时不精彩更待何时！

 ⭐49 乱世出英雄，我的存在就是要改变这个世界！

 ⭐50 所有梦想的实现都源自于毫无根据的自信！

第八章

个人品性

 所有的梦想都可以被实现。

3. 人生哲学

 我不知道举起棒子的悟空当时是否已经得道,我觉得应该还是差火候的。虽然较之负气离开唐僧回花果山的时候已经有了很大的长进,但距离真正的觉悟,还有千山万水,所以这一棒子不是因为觉悟。

 我们生活的每一天,都在穿越时空。我们所能做的就是尽其所能,珍惜这趟不平凡的旅程。

 世界太大,生命这样短,要把它过得尽量像自己想要的那个样子才对。

只有勤奋是不行的,牛也很勤奋,照样变成牛肉干,不要埋头苦干不看路,还要有谋略!

个人品性

⭐5 有人说成为大人物很辛苦,我来告诉大家一个结果,这个世界上最辛苦的是小人物,你难道不觉得吗?因为小人物要辛苦一辈子,大人物只需要辛苦一阵子。大家觉得是大人物辛苦一阵子比较好,还是小人物辛苦一辈子比较好?

⭐6 真正爱你的人会督促你变得更加优秀,而不是蹉跎你的青春!

⭐7 人生在世,知道你爱什么,知道你要什么,知道

个人品性

你在做什么,就已足够了。你要认真,你要快乐,你要知道你其实并不孤独。

⭐8 你现在的付出,都会是一种沉淀,它们会默默铺路,只为让你成为更好的人。

⭐9 你以为,你一年过了365天?其实并没有!你只是把一天过了365遍!

⭐10 每次到了凌晨三点很多小伙伴是不是已经睡觉了?好吧!晚安!你丑你先睡,我美无所谓。

⭐11 为什么有些人要把追求精神满足和追求物质上的富足对立起来呢?你不幸福是因为你境界不高!你物质生活差是因为你能力不行!这完全是两回事儿。

⭐12 对付虚伪的人,不是骂他,不是拆穿他,而是让他继续悲哀地虚伪着,然后装作什么也不知道。慢慢

个人品性

地,很多人就会主动跑来告诉你他有多虚伪。

⭐13 人要学会活在当下,活在真实的生活中,要学会自我拯救,不要幻想别人来拯救自己。指望天上掉馅饼,总会忽视地上的陷阱。在你抬头寻找馅饼的时候,双脚可能已经踩到了陷阱里。仰望天空是对的,但同时要学会脚踏实地。只要把每一步都走好,人间也可以是天堂。

⭐14 别为了那些不属于你的观众,去演绎不擅长的人生。

⭐15 做人呢,活的简单点,搞复杂了,看着都累!

⭐16 人生十六字:时时刻刻,全力以赴!不忘初心,方得始终。

第八章

个人品性

17 男人要么穿上军装保家卫国，要么穿上西装运筹帷幄，别整天拿着相机手机嘟嘴玩自拍，也别纹身打架满口脏话像流氓，天天电脑跟前玩游戏吃泡面，更不要吊着耳坠留着长发装伪娘！是个男人，你就要活得像个爷们！

18 今天有粉丝留言说：田导，据说你只拍喜剧？我说：是的。我的人生只有喜剧，永远都是只有喜剧！不服吗？不服有本事你比我还快乐！

19 我认为，每个人都有一个觉醒期，但觉醒的早晚决定一个人的命运。不够好，才会那么依赖其他人；不够清醒，才会信任所有耀眼的外衣；不够强大，才会浪费时光去迎合他们的玩闹。何必要怪别人呢？都是自己的错。人生可以喧闹如马戏团，也可以沉默如寂静岭。坚持用一颗赤子之心去看待这个世界，自觉忽略掉丑陋和虚假。命运偶尔会留意到你，发现你太过安逸，命运觉得这样会毁了你，于是帮你改变。

20 20 岁那年买得起 10 岁那年买不起的玩具，可却没了当初那般期待感；30 岁那年有勇气去追 20 岁那年不敢追的女孩，可女孩早已为人妇多年；40 岁那年想再去珍惜 30 岁那年该珍惜的朋友，可却已经疏远多年……人生就是这样，错过了就再也回不来了。有些事，现在不做，以后再也不会做了。你现在不努力难道要等老了以后再后悔？

21 但愿他日你被别人提起时也算是个有故事的人，亦不至于为泛泛之辈被草草带过。

个人品性

⭐22 起初，我们揣着糊涂装明白。后来，我们揣着明白装糊涂。并不是我们愿意活得不明不白。只是，好多事情，一用力，就会拆穿，一拆穿，就会失去。成人的世界，总是这么脆弱。

⭐23 我们都是生命的过客，辽阔的天空难留下飞过的痕迹，带走的更不过是细微的记忆。生命会前行在历史的脉络上，沿途拾起一枝一叶，留待回忆；生命会走进时间的大门，让夕阳给出记忆的钥匙，静静回忆。所以生命在时，追寻你的梦想，去你想去的地方，做一个你想做的人，因为人生无常，因为生命只有一次。

⭐24 自己的生活不能等待别人来安排，要自己去争取和奋斗，而不论结果是喜是悲，你总不枉在这世界上活一场。

⭐25 全世界最可怜的事情，就是一辈子都无法知天命，只有到了弥留之际，最想做的才是你最想要的。

个人品性

 ⭐26 十岁受诱于饼干，二十岁受诱于情人，三十岁受诱于快乐，四十岁受诱于野心，五十岁受诱于贪婪。人，到底何年何月才会只追求睿智？

 ⭐27 每个人都要为自己而活。为他人而活的人，可以称得上伟大，但这份伟大却也会成为一个困住自己的牢笼。

 ⭐28 在我看来，要想成为演说家，只有一个前提条件：会说话。

第八章

个人品性

29 要替别人着想,但为自己而活。

30 最好的东西,往往是意料之外,偶然得来的。

31 世界上最痛苦的事就是笑脸相迎你最讨厌的人。与其在别人的生活里跑龙套,不如精彩做自己。

第八章

32 人生,无论做任何选择都是对的,关键在于选择的内容。

个人品性

33 人生最幸福的事情，莫过于我有能力给你幸福的时候，刚好你未老！

34 个人定位是人生观，个人标签是世界观，核心价值是价值观。没有这三观的人不可能成为商界领袖。

35 你住几层楼？——人生有三层楼：第一层是物质生活，第二层是精神生活，第三层是灵魂生活。

第八章

36 如果这世上真有奇迹，那只是努力的另一个名字！你的人生不是没有人懂你，而是你不懂你自己。

37 反省自身，节制贪欲，才能追求更高层次的人生。

38 人生如戏，全凭演技。

39 人生就像坐公交车，我们认为有的人可以一起走

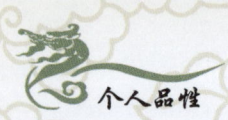

到终点，可人家却因为窗外风景半路下车；有的人感觉下一站肯定会下车，可是却一直坐在我们身旁。

 人生永远不会只有一种选择，在对的时间遇到对的人，才会圆满。

 空中楼阁存在于童话之中。

42 哲学的作用是让你有一个好的心态。

43 我们平时过着具体日子，做着具体事情，哲学是让你从这个局部中跳出来，看人生的全景，想明白人生中什么重要，什么不重要。

4. 奋斗不息

 年轻可以选择挥霍，也可以选择奋斗！

个人品性

⭐2 能证明就不用说明。

⭐3 只要活着,每天必须精彩。

⭐4 只有到了未来,才知道今天做的事情有什么意义。无论你选择做什么,那都是你理想的未来。能抓住机遇的人,大都是不假思索就做出了选择的人。不能实

第八章

现梦想的人都有一个共通之处,那就是:想要一样东西,却怎么也不愿意为之付出。这个世界上最大的成本就是时间的成本。

 世界那么大,时间那么少,我们哪有时间去研究什么叫做所谓的悲!

第八章

 诸葛亮从来不问刘备,为什么我们的箭那么少?关羽从来不问刘备,为什么我们的士兵那么少?张飞从来不问刘备,兵临城下我该怎么办?于是有了草船借箭、有了过五关斩六将、有了据水断桥吓退曹兵……赵子龙接到进攻军令时手上只有20个兵,收获成果时已是攻下了十座城池、多了2万兵、增了3千匹马。军令只是写着:攻下城池!献给只默默做事从不找借口的人。

 我们要在这个薄情的世界里深情地活着。

 ⭐ 你很忙连锻炼身体的时间都没有，说明你能力不够。

5. 淡泊名利

 ⭐ 名次和荣誉，就像天上的云，不能躺进去，躺进去就跌下来了。名次和荣誉其实是道美丽的风景，用欣赏的眼光去尊重它。

 ⭐ 知世故而不世故才是最善良的成熟。

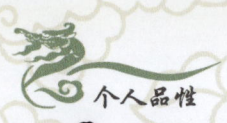

个人品性

⭐3 最真实的生活，其实就是这简单的重复，那些淡而无味的日子，才是最有力量的修行，才是我们最该珍惜的幸福。

⭐4 只要出于同情心和面子做的事，几乎都会失败。

⭐5 你减肥、节俭、努力工作、待人有礼并不是为了取悦别人，这应该是一种自身向上的力量。说得大一些，生命的意义不单是享受、纵容、索取、消耗。

第八章

个人品性

⭐6 每个人都有自己的一个角落,那是我们自己的天地。没有欢声,没有笑语,可是你喜欢这样的静寂。

⭐7 不必讨好所有的人,正如不必铭记所有的昨天。时光如雨,我们都是雨中行走的人,找到属于自己的伞,建造小天地,朝前走,一直走到风停雨住,美好晴天。

⭐8 一定要找机会去一个完全没有人认识你、在乎你、要求你的地方。没有人认识你,是你开始认识你自己的最佳时候;没有人在乎你,是你开始照看自己的最好机会;没有人要求你,你才拥有空间审视自己的真实需求。

第八章

⭐9 一万年太久,只争朝夕。

⭐10 一个人不在于他喜欢做什么,而在于学会喜欢正在做的事情。

⭐11 一心一意熟读几本书、一心一意学习一个专业、一心一意做成一个事业、一心一意爱一个人，未尝不是一件无比幸福的事。

6. 知恩图报

⭐1 那些与我们擦肩而过的好运，那些给我们的生活留下份量的人，那些用无数个黑夜熬过的苦难，都会化成我们生命里的智慧，使我们成为更好的自己。

⭐2 感恩理解你的人，谅解误会你的人，然后该干嘛干嘛。与其浪费时间取悦别人，不如多花时间实现自我。

⭐3 舍得让你爱的人受苦，是大智慧，是大爱。因为在他受苦的时候，你的心里也是百倍的煎熬。但是这就是爱，这才是最深沉的爱。

⭐4 人类有三个母亲，地球母亲，祖国母亲，亲生母亲，这三个母亲都是我们要深爱的。

 ⭐5 身为一道彩虹，尽全力也要照亮整个天空。让我深爱的你，感到光荣！

 ⭐6 其实当物质极大丰富之后，能给妈妈最好的礼物就是成为她的骄傲。

 ⭐7 爱护环境，人人有责，首先从我做起，从我的家人做起，从我的朋友做起，从我的同事做起，从我的

客户做起，我会影响他们，以身作则，去爱护地球母亲。

★8 地球不需要人类，但是人类需要地球，所以我们人类应该做到，让这个地球接纳,而不是对这个地球的损害。

★9 所有花父母钱财的成年人，都注定贫穷。你从父母身上拿走的，上天会甩给你两倍的订单。而你奉给父母的，上天也会给你两倍的回报。

★10 我身上的正能量最初都来源于我的家族。当刑警的父亲让我有了英雄梦，乐观的母亲让我学会了坚强，外公外婆的老一辈革命精神让我有了报效祖国的志向。

 11 真正的爱可以超越生命的长度、心灵的宽度、灵魂的深度，爱的起点从同频开始！

 **12** 之所以不珍惜，是因为太容易得到！

 **13** 比起劝你早睡的，要更加珍惜陪你熬夜的。道理很简单，谁都可以关心你，做事偶尔想想你。可是很少有人能甘愿放弃自己宝贵的休息时间用来成就你。

 **14** 珍惜才会拥有，感恩才会天长地久！

 15 爱是正能量的源泉！

 16 我从不把你放眼里，我只把你放心里。

 17 什么事情都可以等，唯尽孝不能等。

 18 有目标的人在感恩，没目标的人在抱怨，因为觉

得全世界都欠他的；有目标的人睡不着，没目标的人睡不醒，因为不知道起来去干嘛。

19 你若强大，小人变君子；你若宽容，对手变帮手；你若感恩，无情变有情；你若简单，不易变容易；你若真诚，虚幻变现实；你若有志，遭遇变机遇；你若执著，不利变动力；你若淡泊，不安变平安。

20 那些年纪和你一样甚至比你小的人都比你善解人意、成熟懂事，不是因为他们天生如此，只是他们在你不知道的年纪从小就家教好，在你看不到的地方从小就被严格训练。有时就是如此，没人惯着你，你才能快点成长。

21 我们看不到黑暗，不代表没有黑暗，是因为有人把黑暗阻挡在看不见的地方。我们能做的，就是致敬那些和黑暗搏斗的人们，因为光明才是对抗黑暗的最直接力量！

个人品性

⭐22 这么多年以来,你一直都是最认可我的人。一路走来不管遇到什么,都可以看到你那坚毅的眼神。在这最美的时光里我会加倍努力!只因为你一直都买我赢,我怎么舍得让你输!

第八章

⭐23 喜欢那些只要吃到好吃的食物,脸上就会露出傻傻笑容的人。因为他们懂得感恩,是无比善良的人。

⭐24 世上最美好的事是,我已经长大,你还未老;我有能力报答,你仍然健康。感谢我最爱的你们!亲爱

个人品性

的爸爸妈妈，你们是我的偶像，我永远最爱的人！

 这个世界不简单，这个世界很粗暴，这个世界充满了出乎意外，但我们不能因此丢掉了人性最柔软的部分——爱的能力。

我问一个小孩子，爱是什么？他说："爱就是当小狗舔你脸时。"我笑了，但他接着说，"即使你一天也没有理它。"

7. 一诺千金

 真正的讲信用,是没有任何人提醒,而自发兑现的行为。

 诚信是做人的基本准则,也是做生意需要遵守的最基本的规矩。

 一诚遮千丑,一笨毁所有。

8. 助人为乐

 帮助别人成功就是对自己最大的回报。

 世界上没有什么事情,比帮助别人、成就别人更有意义。

个人品性

⭐3 只有金字塔最顶端的人，才能把你带向金字塔顶端。

⭐4 一个演讲家，他首先要有热爱舞台的感觉。第二个他愿意用他的演讲，去讲述他每一个团队成员的成长，并且他愿意去认可别人，而且用他们的故事来激励更多人的成长。

第八章

⭐5 我希望在自己的有生之年能够帮助到更多的人，我坚信自己家人的数量不是14亿，而是70亿。

个人品性

⭐6 一辈子找一群喜欢的人,做一件喜欢的事,顺便赚一点一辈子都花不完的钱,去帮助那些一辈子都吃不饱饭的人,再用这辈子还这个世界一个碧海蓝天。

⭐7 世界上最深沉的爱是成全。爱你,所以相信你;爱你,所以尊重你;爱你,所以舍得让你受苦;爱你,我勇于承担所有!

⭐8 宁愿承担失去你的结果,也要支持你做你想要做的事情!

⭐9 我们能影响多少人,决定了我们有多少关注者;我们帮助了多少人,决定了我们有多少支持者;我们成就了多少人,决定了我们有多少追随者!

⭐10 为什么我们要付出?因为厚德载物,因为成人达己。

第八章

个人品性

⭐11 我们遇到需要帮助的人，恰好我们此时又有能力帮到他，哪怕只是一点点也是好的。

⭐12 人生最大的成功不是因为你是谁，而是因为你帮助了多少人。

⭐13 如果你没有被开发的渴望，他人再怎么帮助你也无济于事。如果你的渴望度够高，稍微扶一把，你就会扶摇直上。

第八章

9. 立场坚定

⭐1 永远不要相信你的时间还有很多。

⭐2 我的人生法则：永远只找第一名。

⭐3 我还不是第一名的时候，我一定要去找第一名，然后去成为第一名；当我已经是第一名的时候，便理所当

然要去找第一名,否则我就无法再继续做第一名了。

⭐4 因此人生有两种活法:第一种是找到自己的天命,然后取得有价值的成就;第二种是人生之初就认命,然后快乐、平静的过一辈子。成大事者永远是第一种活法。

⭐5 生活质量高一点是可以的,你可以吃 10 块钱一碗的米饭。但是不要一个人花 100 块钱买 10 碗米饭,因为这是极大的浪费。其它 9 碗,对你来说没有任何意义,只是虚荣。

个人品性

★6 今天我对你狠一点,以后你走向社会就会走的远一点;我若对你好一点,社会就会对你更残酷。

第八章

★7 反对我的人,我从来没空理!

★8 人若有志,永远不会迟!

★9 拒绝,可以让你变得更珍贵!

★10 总说过去,只能证明你没有了现在和未来!

⑪ 金钱崇拜是一种信仰，即认为金钱是人成功与否的唯一尺度。这种错误理念引导人们残害了自己的本性，降低了人生的快乐，增加了紧张的感受，使整个社会变得消极、厌倦、缺乏幻想，使人心中一切伟大愿望陷于沉寂。

⑫ 一件事无论你当初是怎么下定决心，不到结果出来那天，谁也不知道会发生什么。所以与其担心，不如好好努力。扔掉你的犹豫，那只会浪费时间；扔掉你的担心，那只会让你分心。

⑬ 有钱的人不一定值钱，比如我们常看到一些"富二代"腰缠万贯，但除了挥霍，什么都不会，这样的人"分文不值"。但值钱的人早晚会有钱，因为值钱的人都有足可夸耀的某种能力。凭此能力，他不仅可以安身立命，还能积累财富，这样的人甚至连存钱都不需要。

⑭ 没有人瞧不起你，因为别人根本就没有瞧你，大家都很忙的。

⭐15 我想唤醒那些自私的人，然后让他们和我一起去影响更多的人。

⭐16 别人能做到的事情我要做好，别人做不到的事情我也要做好，只有把对别人有益的事情都做好，我才会心安。

⭐17 影响是会传染的，我先影响一部分，再影响一部分，逐步地复制，等到回过头来，则发现所有的人都已经完成了脱胎换骨。

⭐18 大多数人表面看着毫无主见，摇摆不定，但其实心中早有定论，只不过是习惯性迁就别人。有些人看起来没有原则，但他们有很强烈的底线不容越界。

⭐19 短期交往看容貌，长期交往看脾气，一生交往看人品！

10. 修身养性

⭐ 何为真正的"高富帅"？身为男子，大智若愚、宠辱不惊是为"高"；大爱于心、福泽天下是为"富"；大略宏才、智勇双全是为"帅"！

⭐ 谦卑是当你有资本高调时，你选择了低调；节制是你有条件奢侈时，你选择了朴素；忍耐是当你有力量反击时，你选择了退让；忠贞是当你面临巨大诱惑时，你坚守了最初的选择。人最大的自由是选择的自由，但不是被迫选择。

★3 什么是真正的"白富美"？身为女子，洁身自好为"白"；经济独立为"富"；内外兼修为"美"。

★4 你若想得到这个世界上最好的东西，先得让世界看到最好的你。

★5 我们吃的食物不是自己买来的，而是人家辛辛苦苦种出来的，一粥一菜都来之不易，我们完全没有理由浪费。钱是自己的，资源是大家的，所以一定要将光盘进行到底。

个人品性

⭐6 坐在人生的公交车上,渐渐学会珍惜和包容此刻正坐在身旁的这些人,不管下一站是下车还是换座,他们都有权利选择自己心中最美丽的风景。

⭐7 人生就是一场修行,发脾气是因为修养不够,能力不足!自己没能力解决问题,才只能对别人发脾气!所以把你修行时间里面用来发脾气的时间统统用于成长自己!

⭐8 人生观对了,天时就到了。

⭐9 如果没有奖励和奖杯,你还愿意为自己的成长买单吗?

⭐10 只有把抱怨环境的心情化为上进的力量,才是你成长的保证。

⭐11 有一天,当你不再遇到一点小事就沮丧,不再心

情稍微不好就发朋友圈,而是仍旧认真工作,仍旧上着微博去看自己想看的信息。这一切当你懂得多做少怨时,意味着你开始长大了。

 人生没有回头路,你唯一的选择就是没有选择。

第八章

 无论你在什么情绪,什么状态下,千万不要脱口而出你永远收不回来的话。

第九章：企业文化

1. 经营理念

★ 企业也是有精神的，当一个企业比较喜欢做公益事业时，它的精神面貌就是积极向上的，企业里所有的人也都是积极向上的，这对企业的发展大有裨益。如果一个企业仅仅追求商业价值，甚至为了获得利润不择手段，那它就是一个黑心企业，注定不会长久。

★ 做企业，必须要有一种疯狂的冲动，有一份傻傻的坚持，才有可能带领企业渡过瓶颈，发展壮大。

★ 我这个人喜欢简单干净，不喜欢复杂的东西，纯正干净，做生意也一样，不要有一点污染，这样的人才活得昂首挺胸、自由自在。

 4 与世无争，是因为争不过。

 5 人一定要有骨气，冻死迎风站，饿死打饱嗝，绝不委曲求全。

 6 消灭对手的最好方法就是把他们变成合作者。

 7 企业最大的成本是没有经过训练的员工。

2. 企业文化

 1 把孔子文化研究透了，我们的人生目标和事业目标实现起来就会非常顺利。

 ❷ 儒家文化教会我们怎么为人处世，怎么去管理一个企业，怎么去为国家作出更多的贡献。

 ❸ 中国企业家应当从传统文化中找到适合自己的管理办法，只有将西方的管理思想与中国的传统文化融合起来，才能取得更好的管理效果。

 ❹ 从商数年，我时刻践行孔子文化精神，从管理企业到个人修为，无时无刻不以儒家思想为标准。

 ❺ 如果你达到了一定的高度，在不断修炼自身的同时，也请不遗余力地发扬中华民族几千年的优秀文化，以此来更好的去帮助更多的人。

3. 运筹帷幄

 ❶ 领导者要学会在无助的时候寻找方向、寻找方法，学会自我激励。

 ② 领导者的唯一使命是把追随者打造成为领导者。

 ③ 将自己和员工的优势放大，将员工的劣势慢慢变为优势。

 ④ 领导者发言要注意语言逻辑及用词，慎用转折词，如"但是"，要明白侧重点在哪里。

 ⑤ 促进员工进步的方案是先表扬，再批评，最后再

表扬、鼓励，要让他们在舒心中快速成长。

 ★ 6 领导者要做选择题，而不是做解答题。

 ★ 7 罚要罚得心惊肉跳，奖要奖得心花怒放。

 ★ 8 领导者要知道如何摆兵布阵，如何做好战略、战术的部署与执行。

 ★ 9 领导者要能忍别人之不能忍。子曰："小不忍则乱大谋。"

 ★ 10 时刻为追随者创造锻炼的机会。

 ★ 11 领导者一定要聚焦，把焦点放在解决方案上，而不是放在问题本身，要找方法，而不是看问题。

 ★ 12 授权代表信任，不代表弃权，授权之后要加以监督。

⑬ 未雨绸缪，运筹帷幄，才能决胜于千里之外！

4. 博施济众

① 公益不是某个人的事情，而是全人类共同的事情。做好事不求回报不慕名利是对的，但也不需要刻意低调，因为爱心是需要感染的。

 ★2 经常做好事的人,结果都不会太差。

 ★3 奉献不是失去,而是一种得到。

 ★4 可爱淳朴的高原人、山区人,是我这辈子的亲人,让亲人生活得更好是我田雲娴义不容辞的责任。

 ★5 为他人奉献一颗爱心,就是为自己种下一片希望的绿荫。

第九章

 ★6 做公益,就是要随时随地、时时刻刻,其前提条件从来都不是先要当上世界首富。

 ★7 "公益"其实是一件很大很空的事,那到底什么是公益?我的理解是:大家为"公",好处为"益",对大家都有好处的事情就是"公益"。

 ★8 人是带着使命来到这个世界上的,我们每一个人

都有义务让这个世界变得更加美好。当力量比较小时，我们可以去参加一些公益活动；等力量大一些，我们可以去举办公益活动；而当力量足够强大时，我们就可以把公益当做一项事业来做。

5. 为人师表

1 师父教你，训练你，让你走上世界的最顶峰，不是为了让全世界看到你，而是为了让你看到全世界！

 ⭐2 教练的级别决定了选手的表现。

 ⭐3 我想帮你我要知道你的手在哪里？

 ⭐4 你若是高徒，你必不错过真师！

 ⭐5 老师可以有很多，但师父只有一个。

 ⭐6 在这个世界上情商最低的表现是：明明可以好好说的话，你非要用最让人讨厌的方式表达出来。

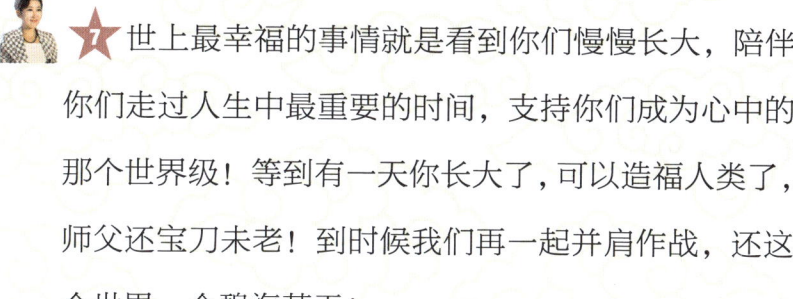

⭐7 世上最幸福的事情就是看到你们慢慢长大，陪伴你们走过人生中最重要的时间，支持你们成为心中的那个世界级！等到有一天你长大了，可以造福人类了，师父还宝刀未老！到时候我们再一起并肩作战，还这个世界一个碧海蓝天！

附录一：田雲娴诗词

我生而为王

一弘琴，
水光错，
一帆远影清月落。

一曲起，
千金诺，
胡马天涯苍穹阔！

惟则动，
动则达，
达则观天下！

我生为王，
为了心爱的人，
一袭红装，
驰骋疆场！

致自己

披星戴月天地间，

责任如山挂双肩。

待我两鬓斑白前，

定为世界换新颜。

商界领袖

风调雨顺只能培养出懦夫,

惊涛骇浪才能训练出勇士。

像狮王一样怒吼震彻山河,

像龙卷风一样席卷全中国。

孩 子

孩子,愿你:

风声水起时,能够福泽万物!

一败涂地时,记得回家的路!

惊 蛰

动物因寒冷藏伏土中,不饮不食,称为"蛰";天上的春雷惊醒蛰居的动物称为"惊"。

今日惊蛰

一声春雷,恰到好处

仿佛是大自然调好的闹钟

提醒还在赖床的动物

这会必须要醒醒起床了

虽说春天早已来临

但并不是所有人都能立即进入状态

全力以赴新一轮的工作

不知不觉已到 3 月份

你是否已从安逸中走出来,奋力前行?

今年目标的六分之一又是否已经达成?

希望这声春雷也能帮到你

唤醒心里蛰伏的小宇宙

重新爆发,突破阻碍

惊蛰到,春耕忙

是时候为来年的丰收努力了

用你正能量的语言去改变这个世界,

不要让这个世界改变了你正能量的语言!

梦　　想

你只看到了我台上的风采，

你没有看到我台下的汗水，

你有你的梦想，

我有我的目标，

你嘲笑我义无反顾，

我看到你患得患失，

你看不懂我的现在，

而我用努力的事实告诉你，未来是谁的时代，梦想注定是一场破釜沉舟的旅行，

一路上少不了不屑与辛酸，

可是那又怎样，就算遍体鳞伤，也要光芒绽放！

附录二：田老师给年轻人9条建议

（1）不要为了省钱买无用的产品；

（2）不要在晚上做任何决定；

（3）永远留住30%的神秘；

（4）有些话不知道该不该说就别说；

（5）你必须很努力才能看上去毫不费力；

（6）分手后千万别和好，会重蹈覆辙；

（7）别把没教养当做有气场；

（8）谈恋爱可以穷结婚不可以；

（9）一定要趁年轻参加精锐训练营。

附录三：雲娴精神

（1）忍得住孤独；

（2）耐得住寂寞；

（3）挺得过痛苦；

（4）顶得住压力；

（5）挡得住诱惑；

（6）经得起折腾；

（7）受得住打击；

（8）丢得起面子；

（9）当得起责任；

（10）提得起精神。

附录四：田雲娴歌词

小　　路

作词：田雲娴
作曲：田雲娴

林中有两条小路都望不到头，

我来到岔路口伫立了好久，

一个人无法同时踏上两条征途，

我选择了这一条却说不出理由，

也许另一条小路一点也不长,
也埋在没有那脚印的落叶下,
那就留给别的人们以后去走吧,
我选择了这条路我要一直走到天涯。
将来从小路尽头默默的回望,
想起曾有两个不同的方向,
而我走的是人迹最少的那条路,
正因为这样无名小路才将不会被遗忘!

作于 1998 年 6 月

雲娴训练团团歌

作词：田妈妈

准备好了吗，时刻准备着，
我们都是雲娴训练团。
将来的主人，必定是我们，
嘀嘀哒嘀哒嘀嘀哒嘀哒。

雲娴训练团，全体兄弟们，
我们的将来是无穷的呀！
牵着手前进，时刻准备着，
嘀嘀哒嘀哒嘀嘀哒嘀哒。

传播正能量，开心有结果，
我们的精神走遍大中国。
快团结起来，时刻准备着，
嘀嘀哒嘀哒嘀嘀哒嘀哒。

中华的儿女，时刻准备着，
放下包袱参加训练团。
万众的一心，紧跟着田雲娴，
嘀嘀哒嘀哒嘀嘀哒嘀哒。

下定决心

作词：田妈妈

下定决心，

不怕牺牲，

排除万难，

去争取胜利！

我们是雲娴精神传承人

作词：田妈妈

我们是雲娴精神传承人，

继承革命先辈的光荣传统。

爱祖国，爱人民，

雲娴的精神时刻牢记在心中。

不怕困难，勇往直前，

顽强学习，坚持到底。

向着胜利勇敢前进！

向着胜利勇敢前进！

前进！向着胜利勇敢前进！

我们是雲娴精神传承人。

我们是雲娴精神传承人，

沿着革命先辈的光荣路程。

爱祖国，爱人民，

雲娴训练团是我们骄傲的名称。

时刻准备，建立功勋，

要把正能量，传遍大地。

为着理想勇敢前进！

为着理想勇敢前进！

前进！为着理想勇敢前进！

我们是雲娴精神传承人！

附录四

我就是功夫

作词：田雲娴
作曲：田雲娴

从不倒下自有功夫决心

花拳绣腿不是我的秘密

打通任督二脉即刻停止

走自己套路要继续下去

赤手空拳更是我的主宰

一个眼神就把你吓坏

不是我很拽而是我很帅

女子更比男子有气概

我是田雲娴我就是功夫

我不是神话也不做娇奴

旷世神功也要扎好马步

尔虞我诈多少刀剑挥舞

我是田雲娴我就是功夫

武尊德行振兴中华民族

盖世无双正义之气不惧

化身英雄本色来者同路

我是我是我就是功夫

无敌旋风双腿齐出

我是我是我就是功夫

横扫天下有谁不服！

作于 2015 年 3 月

不是每一个世界级教练都叫田雲娴

作词：田雲娴
作曲：田雲娴

体弱多病的不一定都是武术冠军

当上武术冠军的，不一定都能训练出武术冠军

会训练武术冠军的，不一定当过特警

当过特警的，不一定会训练特警

会训练特警的，不一定当过演员

当过演员的，不一定会训练演员

会训练演员的，不一定当过经纪人！

当过经纪人的不一定会唱歌

会唱歌的不一定会训练歌手

会训练歌手的，不一定当过导演

当过导演的，不一定会行销包装

会行销包装的，不一定会训练保安

会训练保安的，不一定能训练12万人

能训练12万人的，不一定能训练世界500强企业

能训练世界500强企业的，不一定会创业

会创业的，不一定是亿万富翁

是亿万富翁的，不一定是白手起家

能白手起家的，不一定会演讲

会演讲的，不一定会讲课

会讲课的，不一定会写畅销书

会写畅销书的，不一定会训练

会训练的，不一定有结果

有结果的，不一定会帮你

会帮你的，不一定你能找得到

所以不是每个世界级教练都叫：田雲娴

如果你真的遇到了，且行珍惜，

你的人生将会变得不可思议

如果你还没遇到，那么恭喜你还有一次机会

作于2014年6月

我非等娴

作词：田雲娴
作曲：田雲娴

做一件喜欢的事把爱留身边

赚一点一辈子都花不完的钱

还这个世界一个碧海蓝天

所有的梦想都可以被实现

披星戴月天地间化作了诗篇

待我两鬓斑白前世界换新颜

有梦去闯敢担当责任记心间

生在田间屹云端一刻不得娴

我是世界级我无敌

我生而为王不出奇

驰骋疆场不分高低

我非等娴化真谛

把梦想书写成传奇
天时地利无可代替
敢闯敢拼比一比
我非等娴始终如一

做一件喜欢的事把爱留身边
赚一点一辈子都花不完的钱
换这个世界一个碧海蓝天
所有的梦想都可以被实现

披星戴月天地间化作了诗篇
待我两鬓斑白前世界换新颜
有梦去闯敢担当责任记心间
生在田间屹云端一刻不得娴

我是世界级我无敌
我生而为王不出奇

驰骋疆场不分高低
我非等娴化真谛

把梦想书写成传奇
天时地利无可代替
敢闯敢拼比一比
我非等娴始终如一

我是世界级我无敌
我生而为王不出奇
驰骋疆场不分高低
我非等娴化真谛

把梦想书写成传奇
天时地利无可代替
敢闯敢拼比一比
我非等娴始终如一

作于2013年7月

我的人生誓言

这是我人生中最重要和最永恒的誓言,我会每天早晨大声朗读。

我每天向自己发誓

我是我命运的主人

我是我人生的设计师

我是我生命的总经理

一切的命运都由我自己来操作

我任何时候都遵守自己的承诺:说到做到

我坚信自己足够坚强,

无论什么都不会使我丧失心境的平和

我只想最好的结果,永远为最好的结果而努力

我任何时候都看上去心情愉快,并对每个人微笑

我每一天都马上行动,绝不拖延

我保证确定目标后,一定毫不动摇,全力以赴

我绝不因为一时的困难而退缩,

我要坚持不懈,直到成功

我绝不浪费生命中的每一分钟,每一秒钟

我一定要每一天都培养良好的习惯

我要经常的谈论富足,幸福,和健康

我要不断的完善自己,尽量少的批评别人

我要像对待自己的成功一样对待别人的成功

我要勇于挑战自己的极限,突破自己,

达到我生命中最顶端的高度

我爱我的家人,我的战友,

我的同事和我身边的每一个人

我爱我的国家和这个世界

田雲烱
1993年9月18
于株洲

附录五:弟子的定位

弟子的定位是:传承师父的精神!

弟子的身份是:田雲娴老师的化身!

弟子的使命是:100年内完成田雲娴三个字的使命,使命是:一辈子找一群喜欢的人做一件喜欢的事,顺便赚一点一辈子都花不完的钱,去帮助那些一辈子都吃不饱饭的人,再用这辈子还这个世界一个碧海蓝天!

弟子要做的工作是:成长自己,帮助别人!

田雲娴老师送给弟子班的诗词是:

> 披星戴月天地间,
>
> 责任如山挂双肩。
>
> 带我两鬓斑白前,
>
> 定为世界换新颜。

2015年12月27日13:33分

附录六：总裁的定位

总裁的定位是：造福人类。

总裁的身份是：田雲娴国际教育训练集团的化身。

总裁的使命是：开心快乐有结果。

总裁要做的工作是：让70亿人得到。

田雲娴老师送给总裁的诗词是：

　　　　风调雨顺只能培养出懦夫，

　　　　惊涛骇浪才能训练出勇士。

　　　　像狮王一样怒吼震彻山河，

　　　　像龙卷风一样席卷全中国。

　　　　　　　　——田雲娴《中国功夫》

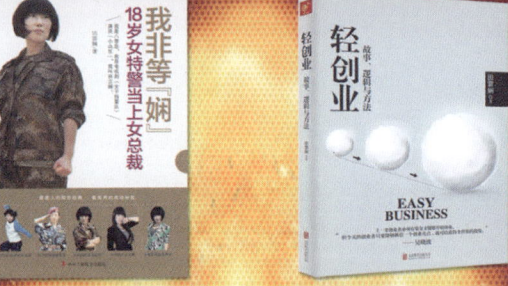